若手弁護士のための

弁護実務入門2

Legal Practice Guide for Young Lawyers 2

中尾　巧　編著
Nakao Takumi

成文堂

入国管理・国家賠償などに関する事件を取り上げ、第一部「民商事編」、第二部「労働編」、第三部「家事・税務編」、第四部「刑事・行政編」、第五部「国際編」の五部構成にし、事件解決に至るプロセスを分かりやすく解説しました。

また、弁護士法人淀屋橋・山上合同の木村浩之・大川恒星・堀内聡・増山健・河原里香の各弁護士にも執筆を担当してもらいました。もとより、私の責任において各執筆者の原稿をすべてチェックし、適宜、修正・加筆しました。

本書は、若手弁護士や企業の法務担当者にとって直ぐに役立つ実務書であるだけでなく、司法修習生や大学の法学部生・法科大学院生のサブテキストとしても活用できると思います。さらに、法律に関心のある方々にも、いわば短編小説として気楽に読んでいただけるよう工夫しています。

最後に、本書の出版に当たり、弁護士法人淀屋橋・山上合同の阪口彰洋弁護士や株式会社成文堂『刑事法ジャーナル』編集長の田中伸治さんには、数々の助言をいただくなど大変お世話になりました。ここに記し、厚くお礼を申し上げます。

令和五年七月

中　尾　　巧

若手弁護士のための

弁護実務入門2

Legal Practice Guide for Young Lawyers 2

中尾 巧 編著

Nakao Takumi

成文堂

はしがき

本書は、『若手弁護士のための弁護実務入門』の続編です。

架空の「淀屋総合法律事務所」を舞台に、弁護士柳生英五郎が若手弁護士や経験豊富な弁護士らと共に様々な事件を解決するまでのプロセスをストーリー形式で描きながら、弁護実務に役立つ法律知識や実践的なノウハウ・知見などを平易に解説した実務書です。

巷間、「Q＆A」形式の弁護実務書が数多く出版されていますが、通り一遍の解説にとどまり、実際の事件を処理するに当たって直ぐに役立つことは少ないように思われます。それは、事件に個性があって、一様ではないからです。やはり、数多くの事件の受任から解決までのプロセスを知り、その中にある解決のヒントを見出し、実践することにより、事件の実態に即した適切な解決を図ることができるのです。本書は弁護実務における実践的な知見やノウハウを身につけるための手引書といえると思います。

今回は、題材として、前著より幅広く、民事・刑事・労働・家事・税務のほかに、金融商品取引・不正競争・スポーツ仲裁・破産・M＆A・海上事故・海外取引・国際相続・出入国管理・国家賠償などに関する事件を取り上げ、第一部「民商事編」、第二部「労働編」、第三部「家事・税務編」、第四部「刑事・行政編」、第五部「国際編」の五部構成にし、事件解決に至るプロセスを分かりやすく解説しました。

また、弁護士法人淀屋橋・山上合同の木村浩之・大川恒星・堀内聡・増山健・河原里香の各弁護士にも執筆を担当してもらいました。もとより、私の責任において各執筆者の原稿をすべてチェックし、適宜、修正・加筆しました。

本書は、若手弁護士や企業の法務担当者にとって直ぐに役立つ実務書であるだけでなく、司法修習生や大学の法学部生・法科大学院生のサブテキストとしても活用できると思います。さらに、法律に関心のある方々にも、いわば短編小説として気楽に読んでいただけるよう工夫しています。

最後に、本書の出版に当たり、弁護士法人淀屋橋・山上合同の阪口彰洋弁護士や株式会社成文堂『刑事法ジャーナル』編集長の田中伸治さんには、数々の助言をいただくなど大変お世話になりました。ここに記し、厚くお礼を申し上げます。

令和五年七月

中尾　巧

目次

第二部　労働編

第三部　家事・税務編

第四部　刑事・行政編

第五部　国際編

第一部

民商事編

不正競争防止法
「著名表示冒用」

県議からの依頼

柳生英五郎弁護士は、毎月、マスコミ主催の懇話会に出席し、著名人の講話に耳を傾ける。ある日、懇話会の会場を出たときに、黒田伝吉氏から声を掛けられた。

「先生も講演を聴いておられたのですね。ちょうど良い機会ですのでお願いがあります。」

「どうぞ、黒田さんの頼みなら、何でも引き受けますよ。」

黒田氏は古参の県議会議員。人望が厚く、県民からの相談に気安く対応することでも評判だ。柳生弁護士とは一〇年ほど前からの知り合いである。

「実は、後援会長の息子さんがお笑い芸人をしていましてね。名前は、高橋光彦というそうですが、メークンから訴えられたと言っています。状況がよくわからないのですが、一度話を聞いてやってもらえないでしょうか。」と、黒田県議が言った。

「メークンって、あの有名なキャラクターのメークンですか。」

「そうらしいです。」

「それなら、知財に詳しい弁護士に対応させましょう。古屋智也弁護士が適任だと思います。彼の都合を聞いて、連絡します。」

そう言って、柳生弁護士は黒田県議と別れた。

早速、柳生弁護士は、古屋弁護士に相談案件を引き受けてくれるよう依頼し、その了承を得たので、黒田県議に連絡した。

「私の事務所の古屋弁護士が相談に乗ることを了解してくれました。ついては、光彦さん本人から事務所に連絡を入れるよう伝えてください。それと、光彦さんが訴えられたとのことですので、訴状を持っているはずです。取り敢えず、訴状をＰＤＦかＦＡＸで古屋弁護士に送るよう伝えてください。」

数日後、お笑い芸人の高橋光彦から訴状など一式が淀屋総合法律事務所にＰＤＦで送信されてきた。高橋は東京に居住しているので、古屋弁護士はウェブ会議で最初の相談を行うことにした。

訴状

訴状の検討を終えた古屋弁護士は、高橋とZoomの画面越しに相談対応を行った。

「初めまして、メークンという芸名でお笑い芸人をしている高橋光彦と申します。」

「初めまして、弁護士の古屋です。」

「早速ですが、幾つか確認させてください。高橋さんはどこかのプロダクションに所属していない、いわゆるフリーランスの芸人さんですか？」

「はい。そのとおりです。」

ここで、古屋弁護士は本題に入った。

「メークンという名前は、お笑い以外でも使っていますか？」

「はい、Twitter、インスタグラム、あと、YouTubeですね。」

「なるほど。訴状によると、原告はメークンのライセンス管理会社になっていて、被告の高橋さんが『メークン』という名称を使って芸能活動をしているため、名称の使用差止めと、損害賠償として約一三〇〇万円の請求がされていますね。」

「はい、そのとおりです。メークンという名称を使うなと言われるのであれば改名するこ

「著名表示冒用」

とはできますが、一〇〇〇万円以上の損害賠償など、私にはとても支払えません。破産するしかありません。」と、高橋が泣き言を口にした。

「落ち着いてください。順番に考えていきましょう。」

そう言って古屋弁護士は宥めた。


訴状や書証によると、使用差止めの請求原因については、主位的には、「メークン」という表示が著名な表示に当たり、これと同一又は類似する表示を行うことは、不正競争防止法二条一項二号の「著名表示冒用行為」に該当する。(注1)予備的には、「メークン」という表示が著名表示とは認められないとしても、周知表示に当たり、原告の商品又は営業と混同を生じさせるおそれがあるから、同項一号の「周知表示混同惹起行為」に該当する(注2)というものであった。

さらに、「メークン」「MEAKUN」などの表示は国内外含め五件の商標登録がされていた。一九四五年以降長年にわたり小説、絵本、漫画で使用され、ファミリー層向けのアニメも一九七三年以降に国内で放映されるようになっている。日本国内でも相当数のライセンシーがメークン関連商品を展開していた。また、メークンショップなども存在し、メークンの公式LINEアカウントは登録者数が一五〇万人に上っている。帝国リサーチセンターが行った全国キャラクター調査によれば、国内での「メークン」の知名度は八九パーセントもあって、調査が開始された平成二六年以降でも、八〇パーセントを下回ったこともないという。

事件の見通し

「高橋さん、メークンはご存じのように超有名キャラクターです。過去の裁判例では、ルイヴィトンや、セイロガン糖衣A、J-Phone、菊正宗、虎屋、などは著名表示と認められています。これらと比較するとメークンも同じくらいか、それ以上に有名でしょうから、著名表示であることを争うことは難しいと思います。ですから、おっしゃるとおり、メークンという芸名は変えざるを得ないでしょう。」と、古屋弁護士は見通しを述べた。

「それは、仕方ないと思っています。」と、高橋は覚悟を決めたように頷いた。

「他方で、損害賠償請求は、訴状の記載もかなりあっさりしていて、信用毀損として一〇〇〇万円、弁護士費用として二〇〇万円、高橋さんの氏名・住所調査のための探偵費用九九万円を列挙しているだけです。メークン側としても、賠償は主目的ではなく、第一の目的は名称の差止めだと思いますから、金額は交渉の余地が十分にあると思いますよ。」と、古屋弁護士の説明が続く。

「この手の裁判は、責任論、つまり、原告が主張する不正競争行為があって被告に責任があるかどうか、という点と、損害論、すなわち責任があると認められた場合に原告に発生した損害がいくらか、という大きく二つの事項が審理対象になります。損害としていわゆる財産的損害、例えば、高橋さんがメークンの表示を使ったことで本物のメークンの売上がこれだけ下がったとか、そういうことは主張されていないわけです。信用毀損は仮に発生しているとしても、それを金銭的にどの程度のものと評価するのかはかなり幅もありますね。原告としても、何が何でも満額を確保しなければならない、とまでは考えていない可能性が高いでしょう。」

「ところで、先生、私はこのような職業で、案件ごとに報酬を頂く身ですので、毎月安定した収入があるわけではありません。賠償額について争えるとしても、なかなか、まとまった金額の支払は難しいのです。この裁判も、先生にお願いすると費用がかかってしまうでしょうから、自分で対応しようかとも思っているのですが……。」

「高橋さんとしては、著名表示冒用であることは争わず名称使用は止めて改名する、ということは了解されていて、金額面で交渉をしたいということですから、ご自身で対応されることは不可能ではないでしょう。もちろん簡単ではありませんが、柳生弁護士から頼まれたことですので、高橋さんにはきちんとレクチャーをしてあげますよ。」

「そうですか。ありがとうございます。」

「まず、高橋さんとしては、答弁書を提出しなければなりませんが、著名表示冒用行為に該当することは争わず、損害は争うとして、取り敢えず、答弁書に、謝罪することと早期の和解をお願いしたい、ということも書いておいたほうが良いでしょうね。答弁書の様式は裁判所からの期日呼出状に同封されていると思います。」

古屋弁護士は、訴状を改めて読みながら、気になる点を確認した。

「高橋さん、訴状によれば、以前もメークンという芸名で活動されていて、二〇一三年ころに一度メータンに名前を変えておられるのに、昨年ころから、またメークンという名前を使うようになった、とありますが、このとおりですか？」

「はい、間違いありません。実は、二〇一三年ころにも一度メークンのライセンス管理会社から、名称を変えるように、という書面が届いたのです。それで、メークンという名称の使用はやめて「メータン」と名乗っていたのですが、メークンという名前の方がやはり受けがいいし、今でも「メークン」と言ってくださる方も多いので、つい、またその名前を使うようにしてしまったのです。」

「そうなのですか。そうだとすると、この訴訟で和解をお願いするといっても、ある意味で高橋さんには前科がある訳ですから、芸名を変えます、というだけで先方が納得しない可能性もありますね。いくらかの支払を覚悟しなければならないかもしれませんね。」

と、古屋弁護士が指摘した。

ない袖作戦

その後、高橋から再度相談したいとの連絡を受けた古屋弁護士はウェブ会議を行った。

「昨日、第一回期日がありまして、裁判所に、名前は変えるから和解してほしいと頼んでみました。」と、高橋が古屋弁護士に状況を報告する。

「それで、先方はどういうリアクションでしたか？」

「やはり、一度芸名を変えたのに戻したという経緯を指摘されて、名称変更だけでの和解はできない、と言われました。ただ、私も、お金がないことをかなり強調したので、そこはある程度分かってもらえたかなと思います。」

「そうでしたか。そうすると、次回期日までに準備する事項があるのでしょうね？」

「はい、それを相談させていただきたく、今日お時間をいただいた次第です。次回期日は一か月後なのですが、裁判所から、和解に当たってどのくらいまでの支払なら可能か検討するように言われています。しかし、私はほとんど貯金がありません。」

「実際のところ、どの程度までの支払なら耐えられるのでしょうか？」

「今、貯金が約一〇〇万円です。しかし、仕事が安定しているわけではなく、今後仕事が取れなければ数か月分の生活費で消えてしまうので、できればこの貯金には手を付けたくないというのが本音です。頑張っても五〇万円くらいまでが限界です。」

「分かりました。万が一和解ができないとすると、判決になるわけです。判決で損害賠償が一部でも認められると、それは支払義務があることになります。ただ、今のお話からすると、高橋さんには差押えされるような財産はないということですね。」

「はい、ありません。」

「でしたら、五〇万円までの範囲で、金額提示をしつつ、例えば、名称使用差し止めについて違反した場合の違約金支払義務を認める、などという条項を追加で提案して、原告に矛を収めてもらう、といった形で交渉を進めるのがベターでしょうね。ない袖は振れませんので、それで無理だったら判決もやむを得ないように思います。」と、老練な弁護士がするようなアドバイスをした。

「ありがとうございます。もう一度交渉してみます。」

和解

古屋弁護士が事務所で契約書のドラフトをしていたところ、手元のスマホが鳴った。高橋からの着信だった。

「第二回期日でも、貯金がないことを言い、メークンという名前が使えなくなると名前をまた変えることになり、一からの出発になるので、何とか原告に考え直してもらうよう訴えました。裁判所が、和解金を支払わずに、名称使用の中止に違反した場合に違約金を支払うという案を示したら、原告側も、その案を飲みそうな様子でした。」と、高橋が報告した。

「そうでしたか。お疲れ様でした。」と、古屋弁護士はそう言ったものの、本当に和解金の支払いなしで終われるのか、内心では半信半疑であった。

「次回期日までに裁判所が和解条項案を送ってくるということでした。先生、すみませんが、和解条項案が届いたら、内容チェックしていただけないでしょうか。」

「了解です。またその際は連絡ください。」

二週間後、古屋弁護士にLINEが入った。高橋が裁判所の和解条項案をスマホで撮影して送ってきたものだった。

和解条項案の概要は次のとおりであった。

1　被告は、本和解が成立した日から四日後以降、その芸能活動に「メークン」、「メークン　カスインフルエンサー」、「カスインフルエンサーメークン」、「メークン先生」「裏メークン」、その他「メークン」または「MEAKUN」の文字を含む名称を使用しない。

2　被告は、その芸能活動に使用している別紙標章について、本和解が成立した日から30日後までにその使用を停止する。

3　被告が前二項のいずれかに違反した場合、被告は、直ちに、原告に対し、違約罰として金六〇〇万円を支払う。右の支払は、原告が別途指定する口座に振り込む方法によるものとし、支払い手数料は被告の負担とする。

なお、前記義務違反により、違約罰の額を超える損害が原告に発生したときは、被告は原告に対し、原告は被告に対し、その超過額を請求することができることを確認する。

4　原告及び被告は、法令に基づく場合を除き、本和解内容を第三者に口外しない。被告は、原告に対し、原告の被告に対する一切の法的措置を含む、「MEAKUN／メークン」に関する言及を行わないことを確認する。

5　原告及び被告は、互いに相手方に対する誹謗、中傷その他の相手方の名誉又は信用を毀損する一切の言動を行わないことを確認する。
6　原告はその余の請求を放棄する。
7　原告と被告は、本和解条項に定めるもののほか、何らの債権債務がないことを相互に確認する。
8　訴訟費用は各自の負担とする。

和解条項案をチェックした古屋弁護士は高橋に電話を掛けた。

「高橋さん。和解条項案を拝見しました。よくここまでお一人で交渉されたと感心しています。名称の使用をやめれば、金銭の支払はなしで大丈夫です。ただ、第三項に書いてあるように、同じ名称をまた使うようなことがあれば、違約罰として六〇〇万円かかります。この和解条項は、債務名義といって、違反すれば直ちに強制執行が可能なものです。SNSなどの芸名の変更忘れがあったりしても、違反になりますので、くれぐれも、ご注意くださいね。」

「古屋先生、この度はありがとうございました。お金があれば、先生に正式に代理人になってもらいたかったですが、何とか先生のアドバイスで解決ができそうです。」

そう言って、頭を下げる高橋だった。

（注1）不正競争防止法二条一項二号は、「自己の商品等表示として他人の著名な商品等表示と同一若しくは類似のものを使用し、又はその商品等表示を使用した商品を譲渡し、引き渡し、譲渡若しくは引渡しのために展示し、輸出し、輸入し、若しくは電気通信回線を通じて提供する行為」が不正競争に該当するとしている。

ここでいう「著名性」は、同項一号の「周知性」（需要者の間に広く認識されていること）よりもさらに広く知られているものであることを要し、一定の地域のものでは足りず、全国的にみても著名であることが想定されている（髙部眞規子『実務詳説 不正競争訴訟』（二〇二二年、金融財政事情研究会）一三〇頁参照）。「セイロガン糖衣A」（大阪地判平成一一年三月一一日・判タ一〇二三号二五七頁）、「ルイ・ヴィトン」のモノグラム表示（東京地判平成三〇年三月二六日・裁判所ウェブサイト）、などは著名性が肯定された例である。「黒烏龍茶」は、著名ではなく、周知であるとされた例である（東京地判平成二〇年一二月二六日・判タ一二九三号二五四頁）。

「著名性」が認められれば、同項一号の周知表示と異なり、「混同を生じさせる」かどうかは関係がない（混同がなくとも不正競争行為となる）。これは、著名表示を冒用する行為が行われると、たとえ、混同が生じない場合であっても、冒用者は自らが本来行うべき営業上の努力を払うことなく著名表示の顧客吸引力に「ただのり（フリーライド）」することができる一方で、

「著名表示冒用」

永年の営業上の努力により高い信用・名声・評判を有するに至った著名表示とそれを本来使用してきた者との結びつきが薄められたり（希釈化、ダイリューション）、著名表示のブランド・イメージが汚染（ポリューション、ターニッシュメント）されるからである（経済産業省知的財産政策室編『逐条解説　不正競争防止法〔第二版〕』（二〇一九年、商事法務）七六頁、七八頁参照）。

（注2）不正競争防止法二条一項一号は、「他人の商品等表示（人の業務に係る氏名、商号、商標、標章、商品の容器若しくは包装その他の商品又は営業を表示するものをいう。以下同じ。）として需要者の間に広く認識されているものと同一若しくは類似の商品等表示を使用し、又はその商品等表示を使用した商品を譲渡し、引き渡し、譲渡若しくは引渡しのために展示し、輸出し、輸入し、若しくは電気通信回線を通じて提供して、他人の商品又は営業と混同を生じさせる行為」を不正競争行為に該当すると定めている。本号の趣旨は、商品又は営業の出所を混同させる行為を規制することにより周知な商品等表示に化体された営業上の信用を保護して事業者間の公正な競争を確保しようとするものである（経済産業省知的財産政策室編・前掲書六一頁参照）。「周知性」は、需要者の間に広く認識されていることをいい、必ずしも全国的に知られていることまでは必要ないとされている（高部眞規子・前掲注（1）一一七頁参照）。また、商品等表示については、同項第二号の著名表示と異なり、「混同を生じさせる行為」であることを要件とされている。

　ここでいう「混同を生じさせる行為」とは、他人の周知の営業表示と同一又は類似のものを使用する者が自己と右他人とを同一営業主体として誤信させる行為のみならず、両者間にいわゆる親会社、子会社の関係や系列関係などの緊密な営業上の関係又は同一の表示の商品化事業を営むグループに属する関係が存すると誤信させる行為（広義の混同惹起行為）をも包含し、混同を生じさせる行為というためには両者間に競争関係があることを要しないと解されている（最三小判昭和五九年五月二九日民集三八巻七号九二〇頁等参照）。

〔堀内　聡〕

スポーツ法

「出場停止処分」

突然の電話

淀屋総合法律事務所の顧客は、上場企業からスタートアップ企業、更には個人顧客まで多岐にわたるが、スポーツ選手やアーティストといったクライアントもいて、取扱業務は一般のイメージよりもかなり幅広い。

ある日、法科大学院生向け説明会の準備をしていた増川三郎弁護士の携帯電話が鳴った。

「増川先生、ご無沙汰しております。以前、弁護士会のスポーツ団体向け研修会でお世話になった吉川真奈美と申します。突然のことで申し訳ありませんが、あるスポーツの競技選手の友人が、団体と揉め事になっていて、先生のお力を借りたいのですが……。」

「吉川さん、その節はお世話になりました。選手の方からのご相談ですね。お話を伺う前に、何という競技をしてらっしゃる方かお伺いしても良いでしょうか。私が団体からも相談を受けたことがあると、利益相反になってしまいますので。」

「『ザンジバル』という競技(注1)でして、日本ではまだようやく競技団体ができ始めたようなところです。」

「ザンジバル？　それは正直、初めて聞いた競技名ですね。団体関係者に知り合いはいなさそうですから、ひとまず問題ないかと思いますが、一度、その選手の方と事務所にお越しいただけませんか。」

新興競技団体内の紛争

数日後、吉川と一緒に、「ザンジバル」の競技選手である奥田浩輝が来所した。

屈強な体つきをした強面の男性だったが、挨拶を済ませると、震え声でこう語り始めた。

「増川先生、この度は相談に乗っていただき、ありがとうございます。私はこの競技でオリンピックに出たい、そしてもっと日本にこのスポーツを広めたい、という一心で頑張ってきただけなのですが、連盟の連中からこんな仕打ちを食らってしまって、悲しい思いで一杯なんです。」

「奥田さん、相当なことがあったようですね。事の経緯などをお話しいただけませんか。」と、増川弁護士が訊ねた。

奥田選手によると、紛争の概要は次のとおりであった。

ザンジバルは、日本ではまだ知られていないが、欧州やアフリカを中心に流行している五人制のチーム競技。サッカーのように、一定の条件のもとでボールをゴールに入れた得点を競うものである。

オリンピックの指定種目になるという噂が出たこともあって、数年前から日本でも競技者人口が増え始め、中央競技団体(注2)として「一般社団法人　日本ザンジバル連盟」が設立された。奥田選手もその連盟の一員であったが、幹部と折り合いが悪く、しばしば連盟の方針に直言して煙たがられていた。しかし、競技選手としては一流であったため、数か月前に行われた代表合宿に招へいされ、自らの練習だけではなく、後輩選手らの指導にも当たることとなった。

合宿中、奥田選手は、全体練習が終わった後、見込みがあると思っていた向井・鈴木の二人の選手を呼び出し、「お前たちがこの日本ザンジバルチームの柱になっていかなあかん」と言って、個別特訓を始めた。二人は、これに応じたものの、奥田選手の指導に全くついていけなかった。これにいら立ってしまった奥田選手は、「そんなんしてたら、世界についていかれへんぞ！」などと、叱責した。

奥田選手としては、スポーツには時には厳しい指導も必要であると考えていたが、二人に対し、手をあげたり、人格を貶めるようなことを言ったりした覚えはなかった。ところが、二人は、合宿の終了後、「奥田さんからボールを投げつけられ、ひどい暴言を吐かれた」と、主張して連盟に訴え出た。

その後、連盟は、突然、奥田選手に対するヒアリングなども全く行わないまま、向井・鈴木両選手に対する体罰を理由として今後の公式試合出場を一切認めないことを通告してきたというのである。

スポーツ団体と選手間の紛争の争われ方

吉川が傍から増川弁護士に訊ねた。

「ちょうど、先生が昨年の研修で講師をされ、スポーツ団体は、ガバナンスが重要な問題であり(注3)、選手や構成員に対して不適正な処分をしてはいけない、というようなことをお話しされていたと記憶しています。今回のケースは、奥田さんに対する調査もないまま試合出場停止という処分が行われていますので、不適正なものではないのでしょうか。」

「そのとおりですね。スポーツ団体のガバナンスという観点からは、問題のある処分ではないかと思います。ただ、どのようにして争っていくかはよく考えないといけませんね。奥田さん、次の公式試合はいつ頃でしょうか。」

「今がちょうどリーグの試合期間中で、来週末にも試合があります。これ以上欠場を続けると、チームに迷惑をかけてしまいます。マイナー競技ですから、そう簡単には交替がきかないのです。」

「それは困りましたね。早急に争う手立てを考えましょう。」

そう言って増川弁護士は奥田選手と吉川に紛争解決手続の説明を始めた。

スポーツ競技団体と選手間の紛争を、どのような機関で解決するかは悩ましい問題である。というのも、選手の出場停止などの処分は、団体内部で自主的、自律的に判断すべき問題であって、法律上の争訟に当たらないとした裁判例（注4）が存在している上、迅速な解決が求められることが多いため、裁判所での手続には適さないことが多い。とはいえ、サッカーや野球といったメジャーなスポーツの場合を除けば、任意での交渉や団体内部の手続での解決を期待することは難しいのである。

そこで、実務的には、公益財団法人日本スポーツ仲裁機構（the Japan Sports Arbitration Agency, 通称ＪＳＡＡ（注5））における仲裁や調停によって解決することが多いようである。特に、スポーツ仲裁は、スポーツ団体による不利益処分や選手選考の決定など、競技団体が競技者等に対して行った決定について不服申立を行う手続であることから、よく活用されている。ただ、これは、いわゆる裁判外紛争解決手続（ＡＤＲ）の一種であるので、その前提として当事者間で仲裁により紛争を解決する旨の合意、すなわち仲裁合意が必要となる。

増川弁護士が続ける。

「今、ＪＳＡＡのウェブサイトを見てみたところ、そこに、日本ザンジバル連盟は、『スポーツ仲裁自動応諾条項』を採択している団体として公表されていますので(注6)、ＪＳＡＡに仲裁を申し立てるのが良いでしょう。」

「先生、自動応諾条項とは、何でしょうか。」と、奥田選手が訊ねた。

「競技団体のした決定に対して不服がある場合には、スポーツ仲裁でそれを解決するということを定めた競技団体自身の規定のことです。これがあれば、紛争が起こるたびに仲裁合意を結ぶ必要がなくなり、自動的にＪＳＡＡにスポーツ仲裁を申し立てることができるのですよ。」

「そうでしたか、それは安心です。」

スポーツ仲裁の申立て

増川弁護士は、その後、奥田選手から更に事情を詳しく聴取し、JSAAへのスポーツ仲裁申立書を作成、提出した。

JSAAは、速やかにこれを受理して連盟側へ通知し、仲裁人の選定が行われた。仲裁人は、奥田選手側が弁護士の仲裁人を一人、連盟側がスポーツに知見のある大学教授を一人選定し、この二人が協議して弁護士の仲裁人長を選定し、合計三人となった。

スポーツ仲裁においては、仲裁機関は、国内スポーツ団体がした決定が、①当該団体が制定した規則に違反している場合、②同規則には違反していないが著しく合理性を欠く場合、③決定に至る手続に瑕疵がある場合、又は④同規則自体が法秩序に違反し、若しくは著しく合理性を欠く場合のいずれかに該当すれば、決定を取り消すことができるとされている。

そこで、増川弁護士は、本件において、ザンジバル連盟が試合出場停止という重い処分を下すのに、処分の根拠となる事実関係がそもそも存在していないことはもちろんであるが、必要な調査や処分対象者への弁明の機会付与が全く行われていなかったことが明らか

である以上、上記③の場合に該当するとして処分の取消しを求めた。(注7)

ザンジバル連盟側は、これに対し、奥田選手が指導と称してボールを投げつける等の暴行や暴言を行っており、試合出場停止措置には正当性があると反論した。

その後の主張反論や審問手続の結果、連盟側は被害者とされる向井・鈴木の二人の選手に対するヒアリング以外には調査をしておらず、また、奥田選手への事前のヒアリングや反論の機会を与えることも全くしないで、一方的に処分を下していたことが明らかになった。

そこで、仲裁人パネルは、少なくとも決定に至る手続には瑕疵があることは明白であるとして、申立てから約二カ月後、処分を取り消す旨の仲裁判断を下した。

仲裁判断がなされたことを知った一部のチームや連盟会員からは、ザンジバル連盟に問い合わせがくるような事態に発展し、連盟もその対応を余儀なくされた。そこで、連盟の代理人と奥田選手の代理人の増川弁護士との間で協議がなされた結果、連盟からは謝罪がなされ、奥田選手は欠場期間三か月を経て、公式試合に復帰することができた。

復帰決定後、奥田選手が事務所に御礼のため訪れた。

「増川先生、この度は本当にありがとうございました。先生のお陰で競技に復帰することができました。これを機に、先生もザンジバルをやってみませんか。」

「お気持ちはありがたいが、私はスポーツは見るのが専門でしてね。奥田さんの活躍を是非今度拝見しに行きますよ。」と、増川弁護士が苦笑しながら言った。

（注1）架空競技名であり、実在の競技や団体とは一切関係がない。
（注2）スポーツ競技においては、日本国内においても複数の競技団体が設立され、階層構造になっていることが多いが、その中でも、国内の各スポーツ団体を国内にて統括する全国規模の団体のことを、中央競技団体（National Federation, 通称ＮＦということもある）と呼ばれている。例えば、日本国内のサッカー競技団体としては、日本プロサッカーリーグ（Ｊリーグ）や、日本フットボールリーグ（ＪＦＬ）、日本女子サッカーリーグなどのプロリーグのほか、各地域や都道府県にもサッカー協会があるが、これらを統括する中央競技団体として、日本サッカー協会（ＪＦＡ）がある。
（注3）近年、スポーツ団体内部のコンプライアンスの問題が叫ばれており、スポーツ庁を中心にその機運が高まっている。スポーツ庁は、令和元年六月一〇日付けで中央競技団体向けのスポーツ団体ガバナンスコードを、また、同年八月二七日付けで一般スポーツ団体向けのスポーツ団体ガバナンスコードを策定、公表し、各団体では、これらにそって団体運営をすることが求められている。
（注4）例えば、全日本学生スキー連盟事件（東京地判平成二二年一二月一日・判例タイムズ一三五〇号二四〇頁）、競技ダンス連盟事件（東京地判平成四年六月四日・判例タイムズ八〇七号二四

四頁）。

（注5）ＪＳＡＡは、二〇〇三年四月七日に発足し、二〇一三年四月一日からは公益財団法人化し、スポーツに関する法及びルールの透明性を高め、個々の競技者等と競技団体等との間の紛争の仲裁又は調停による解決を通じて、スポーツの健全な振興を図ることを目的として活動する団体である。仲裁や調停のほかにも、スポーツ法分野に関連するガイドラインの策定や普及、研修活動も行っている。

（注6）自動応諾条項の説明は本文に記載したとおりであるが、これを採択している団体は、ＪＳＡＡにおいて公開されている（https://www.JSAA.jp/doc/arbitrationclause.html）。ただし、根拠はあくまで各団体の規則内の規定にあるため、念のため団体の規則の確認をするべきであろう。

（注7）過去のスポーツ仲裁判断によれば、競技団体が競技者等に対して何らの不利益処分を行う場合、その処分の内容が実体的に適法であるのみならず、処分対象事実の認定について処分対象者の実体上の権利の保護に欠けることのないよう、適正・公正な手続を履践することが要求されており、そのうち、特に告知又は聴聞の機会を処分対象者に付与することが重要視されており、行政手続法等が求めるのと同等の手続が必要であると解されている（JSAA-AP-2015-006号）。

〔増山　健〕

民法

「継続的供給契約」

仮処分命令申立書の受領

淀屋総合法律事務所の増川三郎弁護士は、海外の大学での短期留学を終え、帰国後、徐々に顧問先も増え、最近は多忙を極めている。

年の瀬も迫ったころ、懇意の錦織誠一税理士から電話がかかってきた。

「増川先生、師走のお忙しいところすみません。私の顧問先に、今日、裁判所から仮処分命令申立書というのが届いたらしく、ちょっと急ぎで相談に乗ってほしい案件があるのですが。今、社長も一緒にいるので、先生のご都合がよろしければ、今から事務所にお伺いしてもよろしいでしょうか。」

「仮処分ですか。それは早くお話を聞かないといけませんね。たまたま今日の午後は予定がありませんから、すぐに事務所にお越しください。」

「ありがとうございます。社長と一緒にこれから伺います。」

数十分後、慌てた様子で、錦織税理士とその顧問先の江沢商事の江沢重治社長が来所した。挨拶も、そこそこに増川弁護士が切り出した。

「それで、今回申立てられた仮処分は、どのような内容ですか。申立書を拝見する前に、事案の概要をお伺いできればと思うのですが。」

「はい。今回の申立てをしてきたのは、国内でお菓子の卸売りをしている近藤スナックスという会社です。当社はお菓子等の輸入販売を生業としており、近藤スナックスには、当社が海外で製造したお菓子を販売しているのですが、先代社長の頃から取引を始めてもう一〇年以上になります。ところが、昨年、二代目の近藤習平さんが跡を継いでから、ラベルやパッケージについて、色々と無理な注文をされるようになり、私個人としては正直やりづらさを感じるようになりました。そのような中で、数か月前、近藤社長との間で、トラブルになったんです。」と、江沢社長が経緯を説明した。

「どのようなトラブルですか。」

「当社が納品した商品に異物が混入していた、パッケージにも汚損があった等とクレームをつけられたのです。食品ですから、異物混入等はもちろんあってはならないことです。

ひとまず、私から謝罪をするとともに、事実確認のために、異物が見つかった商品を送り返してもらい、また発見当時の写真や根拠資料等を出してもらうようお願いしたのですが、相手方からは何の資料も示されませんでした。いくら求めても、異物が見つかった数量やロット番号さえも明らかにしてもらえず、ただただ代金は支払わない、今後の製品についても単価を切り下げろ、と言うばかりでした。」

「それはおかしいですね。」

増川弁護士が相槌を打つと、江沢社長も興奮気味に話を続けた。

「そうなんです。そこで、同じく近藤スナックスに商品を卸している会社の経営者仲間に、それとなく近藤スナックスの件を話したところ、なんとそこも半年前に同じようなトラブルに遭っていたということが分かりました。その会社は、かなり小規模のところですので、近藤スナックスに契約を打ち切られてはたまらんと思い、代金を一部減額することで渋々決着したようでしたが、クレームの根拠について納得のいくような証拠はほとんど示されなかったみたいです。」

「悪質な代金切り下げの一種かもしれませんね。それで、江沢社長はどう対応されたんですか。」と、増川弁護士が訊ねた。

「これは怪しい、と思ったのと、正直、近藤社長とのやり取りにうんざりしていたものですから、これを機に取引を終わらせようと思いました。そこで、今後の発注には一切応じない、不当な要求にこれ以上応じるつもりはないので、本日をもって契約も終了とする、未払代金についても早急に支払ってもらいたいと近藤社長宛にメールで通知しました。」

「相手方からは何か反応がありましたか。」

「そうしたところ、近藤社長が相当焦った様子で電話をかけてきました。こちらは小売店に卸しているので突然納品を止められるのは困る、契約違反だというのです。私は、根拠を示さず代金を支払わない方がむしろ契約違反だ、と言い返して、口論になりました。その日はそれで終わりましたが、その二週間後に、この書面が届いたんです。」

そう言って江沢社長が仮処分命令申立書を見せた。

増川弁護士が仮処分命令申立書に目を通したところ、申立ての趣旨は、近藤スナックスが江沢商事から継続的に商品の供給を受ける契約上の権利を有する地位を仮に定めることと一定数量の商品を仮に引き渡すこと等を求める、というものであった。(注1)

継続的供給契約の中途解約と更新拒絶

増川弁護士が江沢社長に訊ねた。

「近藤スナックスとの間の契約書を見せていただけますか。確かに近藤スナックスの態度は不誠実かもしれませんが、それだけで契約を即座に解除できるとは言い切れません。中途解約条項があるのかを確認する必要がありますね。」

するると、横から錦織税理士が、江沢商事と近藤スナックスの間の取引基本契約書を見せながら、江沢社長の代わりに答えた。

「増川先生、こちらが契約書です。私もその点は気になったので、契約書を見てみたんですが、中途解約の条項はないみたいです。」

取引基本契約書に目を通した増川弁護士が呟いた。

「うーん、確かに契約を中途解約するというのは、そう簡単な話ではありませんね。」

江沢社長と錦織税理士に対し、増川弁護士は次のように説明した。

裁判例の中には、継続的な取引の中でも、個別契約の反復を超えた包括的な契約と解し得るものなどについて「継続的契約」と定義し、更新拒絶や解約等を制限するものがある。(注2)そのような継続的契約に当たるか否かは、個別事例ごとに、双方当事者の意思の内容によって判断されることとなるが、契約書の内容や、取引慣行、当事者の属性や立場、権利義務の内容、取引継続への期待の有無や負担の程度等を総合的に考慮することとなっている。このような継続的契約が成立したと認められた場合、契約の解約や更新拒絶、更には個別の発注拒絶が認められず、また、裁判所が、そのような契約上の権利を有することを仮に定めること、対象商品の仮の引渡し等が認められることがある。(注3)

説明を聞いた江沢社長は、不安そうな顔をしながら言った。

「確かに、近藤スナックスとの取引は一〇年以上続いていますし、一度も発注を拒絶したことはありません。商品ごとの価格というのも決まっていて、その商品を取り扱い始める時以外には価格交渉もしたことがありません。継続的契約だと言われれば、それは否定しがたい気がします。しかし、今回のような理不尽な出来事があったにもかかわらず、ずっと納品を続けなければならないのでしょうか。」

増川弁護士は、少し間をおいて考えてから、次のように答えた。

「いえ、継続的契約だと認められたら何が何でも商品を供給し続けなければならないと決まったわけではありませんよ。確かに、このような継続的契約について、中途解約を認める条項がない場合に、中途解約をすることは容易ではありません。(注4)しかし、この契約書には、次のような契約期間の更新に関する条項が定められています。」

第一〇条（契約期間）

一　本契約の有効期間は、二〇一〇年二月一日から一年間とする。

二　本契約の有効期間満了の一月前までにいずれかの当事者から反対の意思表示がない限り、本契約の有効期間は自動的に一年間更新され、以後も同様とする。

錦織税理士が、はっとした表情でこう言った。

「なるほど、今は一二月下旬なので、契約更新を止めるのにはまだ間に合う、ということなのですね。」

「そのとおりです。江沢社長がおっしゃったように、江沢商事と近藤スナックスの取引は一〇年以上にわたって続いていますが、契約上は、この取引基本契約書の一〇条二項によって、毎年一月三一日に更新され続けている、ということになるのです。ただ、一か月前までに反対の意思表示をすれば、更新を拒絶することができます。『本日をもって契約を終了する』との江沢社長のメールは、この更新拒絶の意思表示と解釈することもできるかもしれませんし、そうでなくとも、すぐに書面で更新拒絶の意思表示をしてしまえばよいのです。」

江沢社長も気づいた様子で言った。

「中途解約はできないが、更新拒絶はできるということなんですね。それなら安心です。」

契約更新拒絶の理由

直ぐに増川弁護士が江沢社長に釘をさす。

「安心するのはまだ早いですよ。継続的供給契約の場合、更新拒絶も完全に自由にできるというわけではなく、更新拒絶について、やむを得ない事由があることを求める裁判例（注5）や、合理的な理由を求める裁判例（注6）もあるところです。とはいえ、契約書に根拠がない中途解約に比べれば、契約書にのっとった更新拒絶が有効と認められる可能性は高まるでしょう（注7）。ですので、速やかに更新拒絶の通知を送るとともに、当方から、なぜ更新を拒絶することに至ったのか、きちんとした理由があることを裁判所に示しましょう。そうすれば、裁判所もそう簡単に仮処分命令を出すことはなく、和解協議に持ち込めるはずです。いずれにせよ、この年末は大忙しですな。」

その日のうちに、増川弁護士は、翌年一月末日の契約更新を行わない旨のメール文案を作成し、江沢社長から近藤社長に送信するようアドバイスした。

そして、過去の取引の頻度や金額を示す資料のほか、近藤スナックス側との異物混入やパッケージ汚損のクレームに関するメールのやりとりをまとめるよう江沢社長に依頼し、増川弁護士自身は早速聴取した事実関係をもとに、答弁書の作成に着手した。

答弁書では、

①近藤スナックス側が異物混入の合理的な根拠を示そうとせず、代金支払いを拒み続けているために信頼関係が破壊されており、中途解約も許されるべき事情があること

②代金支払いを求める訴訟提起をも辞さない所存であること

③契約書の条項にのっとった契約更新拒絶がなされていること

などを根拠として、契約更新拒絶には正当な理由があり、これを認めない事情はないことを主張した。

その後、江沢社長との再度の打合せを経て、答弁書を完成させるとともに、江沢社長の陳述書も作成し、何とか一月初旬の初回審尋期日の数日前に提出することができた。

取引の解消と和解

初回の審尋期日では、双方の代理人のみが出頭した。

裁判所は、現段階での仮処分命令発令は難しく、中途解約を基礎づける理由の有無や更

新拒絶の不当性について、近藤スナックス側に追加での主張と疎明を行うよう求めた。

これに対し、近藤スナックス側からは、パッケージの汚損を示す写真数枚や追加の陳述書が提出されたが、それ以上に客観的な資料は示されず、また早期に和解し取引を再開したいとの意向が示された。

第二回審尋期日では、双方が個別に裁判所から事情を聴取され、和解協議の場がもたれた。

近藤スナックスは、異物混入やパッケージ汚損に関する主張は譲歩し、未払代金の八割に相当する額を直ちに支払うので、契約を更新し、直ぐに納品を継続してほしいというのが希望であった。しかし、江沢商事としては、信頼の置けない近藤スナックスとの取引を解消したいという思いが強く、取引関係を解消する方向での和解を要望した。

その後、更なる協議を経て、近藤スナックスが代わりの仕入ルートを探す必要があることを考慮し、三月末までの間のみ、江沢商事は商品を納入することとし、それ以後、契約は終了する形での和解が成立した。

また、近藤スナックスが江沢商事に未払代金の全額を直ちに支払うことのほか、異物購入やパッケージ汚損の主張は今後行わないことも合わせて合意された。

（注1）仮の地位を定める仮処分の手続については、本編後掲の「民事保全法　仮の地位を定める仮処分」も参照されたい。

（注2）例えば、東京高判昭和五九年一二月二四日・判時一一四四号八八頁は、工場用床材を売買する取引について、あらかじめ交付された価格表に基づき電話で受発注がなされていたこと、個々の売買に当たって売主が見積書を作成したり、売主が注文を拒絶することはなかったこと、代金の支払いが毎月末日締め、翌月末日限り払いであったこと等を認めた上で、「将来にわたり、被控訴人から控訴人に対し、控訴人の製造する本件商品の供給を求めたときには、控訴人は、その都度これに応じ、あらかじめ定められた一般卸売価格より低廉な一定の価格で被控訴人に対し販売する旨の、期間の定めのない、いわゆる継続的売買契約」が成立していたとした。

（注3）大阪地決平成五年六月二一日・判時一四九〇号一一一頁は、ジーンズの売買について継続的契約の成立を認めた上で、売主の販売義務を肯定し、出荷の停止が許されるのは、買主に支払い遅延、支払停止等代金回収に不安があり、あるいは契約当事者間の信頼関係を破壊するような特段の事情がある場合等、売主の出荷停止がやむを得ないものとして是認される場合に限られる旨判示し、買主が継続的に供給を受ける契約上の権利を有することを仮に定めること及びジーンズの仮の引渡しを認めた。

（注4）加藤新太郎＝吉川昌寛『裁判官が説く　民事裁判実務の重要論点　継続的契約編』（二〇二〇年、第一法規）六四頁は、継続的契約に関し、解約権の留保特約がない場合には、やむを得ない事由がない限り、中途解約は無効と解すべきであるとする。

（注5）大阪高判平成八年一〇月二五日・判時一五九五号七〇頁等。

（注6）東京地判平成二二年九月一五日・判タ一三四六号一七五頁等。
（注7）前掲書八一頁は、契約書に定められた要件を満たす更新拒絶について、例外的に更新拒絶が信義則に反し、あるいは権利の濫用として許されないような場合でない限り、有効であるとしている。

〔増山　健〕

民事保全法

「仮の地位を定める仮処分」

足場の設置

河合穂香弁護士は、顧問先の「有限会社杉下商店」の杉下社長から電話を受けた。

杉下商店は、大阪市内の三階建ての「YSビル」の一階と二階の店舗で、長年、家電製品や家具類等の販売を行っている。

「先生、突然、うちの店舗に足場が設置されてしまったのです。それに、専有部以外は壊され、瓦礫が散乱しています。どうすればいいのですか。」と、杉下社長は切り出した。

「誰がそんなことをしているのですか。」

驚いた河合弁護士は訊ねた。

「YSビルは築四〇年と古く、オーナーは「浜中不動産株式会社」です。杉下商店がビルの一階と二階を借り、ビルの三階は整骨院と会計事務所が借りていました。ちょうど、八か月ほど前に、突然、浜中不動産の従業員が訪ねてきて、『建物が老朽化したため、建物を取り壊し、新しい建物を建築することになった。解体工事を始めるので、二か月後に出て行ってほしい』と、頼んできたのです。ビルから出ていくつもりがなかったので、できない話だと言って断ったのです。ところが、六か月前に、浜中不動産から解約通知書が届きました。理不尽な話なので無視していたところ、先週になって、突然、足場が組まれたのです。浜中不動産はビルの解体工事を始めたのですよ。」

杉下社長は、焦った様子で一息に答えた。

「それは大変ですね。詳しいお話を聞きたいと思います。できれば明日にでも、これまでの簡単な経緯を説明した文書、ビルの賃貸借契約書、合意書、浜中不動産からの解約通知書をご持参いただけますか。」と、河合弁護士が言った。

依頼者との打合せ

翌日、杉下社長は淀屋総合法律事務所を訪ねた。

「先生、一週間でさらに工事が進められたようで、三階の天井部分が取り外され、電線が丸見えの状態になっています。ビルのエレベーターも電気を通していないのか、使用できなくなりました。」

「分かりました。まずは、これまでの経緯を詳しく教えてください。」と、河合弁護士が訊ねた。

杉下社長は、持参した賃貸借契約書や合意書を見ながら説明を始めた。

「YSビルは、元々「阪口エステート」が所有していたのです。杉下商店は、平成一四年ごろ、阪口エステートとの間でビルの一階と二階部分の賃貸借契約を結び、以後、店舗として使用しています。賃貸借期間は三年ですが、自動更新条項が盛り込まれています。賃料は、月額二〇万円（税別）でしたが、平成二五年に月額二三万円（税別）とする変更合意書を取り交わしました。また、貸主が賃貸借契約の解約を希望するときは、六か月前に借主に通知する旨の定めも入っていました。」

「現在のオーナーに変わったのはいつ頃ですか。」と、河合弁護士が訊ねた。

「平成二六年の年末だったと思います。平成二七年の年始に、浜中不動産の従業員が来て、浜中不動産がYSビルを買い受けたので、今後は浜中不動産がビルの貸主を引き継ぐという話がありました。」

「分かりました。正確な日時は建物の登記を確認すれば分かりますので、こちらで調べます。取壊工事が始まるまでの経緯について教えていただけますか。」

杉下社長は、手元に用意した簡単な経緯書を見ながら、説明を始めた。

「はい。八か月前ごろに浜中不動産からの立退き要求を断ったことは、電話でもお伝えしたとおりです。その後、浜中不動産からは、逆に、移転先を探すお手伝いをするので、前向きに考えてほしいという話が返ってきたのです。浜中不動産は、三階を借りていた整骨院や会計事務所にも同じ話をしたようで、どちらも早々に立ち退かれました。」と、杉下社長は少し怒りながら説明した。

「その後はどうなりましたか。」と、河合弁護士が先を促す。

「何度か浜中不動産が移転先の候補となりそうな賃貸情報を持ってきました。また、立退料の提案もありました。」と、杉下社長は思い出しながら答えた。

「立退料についてはいくらの提案がありましたか。」

「八〇〇万円の提案がありました。私は、とてもそんな金額では足りないと思いましたし、突然出て行ってほしいという強引な姿勢にも気を悪くしていましたので、とても応じられないと返事しました。」

「その後、浜中不動産から話がありましたか。」

「はい、立退料を一〇〇〇万円に増額するという提案がありました。私は、それにも応じなかったところ、浜中不動産から、いくらを希望するか、と訊かれましたので、検討して返事することになりました。後日、四〇〇〇万円であれば立退きに応じると返答しました。」と、杉下社長が経過を説明した。

「四〇〇〇万円の金額はどのようにして算定されましたか。」と、河合弁護士が算定根拠を訊ねた。

「新店舗に移転するための引越費用や、移転先の内装工事費用、新しい店舗先で軌道に乗るまで赤字となりますので、その補填費用等を計算した結果、四〇〇〇万円という金額になりました。」

「その後はどうなりましたか。」と、河合弁護士が促す。

「四〇〇〇万円を提案した結果、浜中不動産からは、その金額では応じられないという返答があり、交渉は決裂しました。その後、六か月ほど前のことですが、『六か月後に賃貸借契約を解約する』という内容の解約通知書が届きました。そして、六か月経過後、突然、足場が設置され、三階壁や天井、共用部のトイレが壊されてしまいました。先生、通常どおり店舗を開いていますので、営業にも影響が出ています。現に、お客さんからは、『足場が設置され、看板も見えなくなっているので、閉店したと思っていた。電気がついていたので、ひょっとして、と思って入店してみると、営業していると分かったが、とても入りにくい』という話もありましたし、売上げも下がってきていますので、とても困っています。今すぐ浜中不動産には足場を撤去してもらいたいのです。」と、杉下社長は懇願した。

「分かりました。浜中不動産は立退きにこだわっているようですね。」

「そのようです。ですが、こんな一方的に解約を通知して、さらに、立ち退いてもいないのに、解体工事を進めてもよいものなのでしょうか。」と、不満を口にする。

「いえ、いくら解約通知を送ったとしても、借主が立ち退いていない状態で、解体工事を始めてよい訳がありません。正当事由があるので借主に賃借権がないと、考えていたとしても、本来、任意の協議を行い、それで解決ができない場合は、訴訟といった裁判手続を取るのが筋です。そして判決等の裁判の結果に基づき、借主の占有を適法に解いた後に、建物の解体工事を始めるべきです。このような手続を取らずに解体工事を始めるのは、自力執行になりますが、法律の秩序に従っていないことは明らかです。」と、河合弁護士は答えた。

「それを聞いて安心しました。」と、杉下社長は少し安心した表情になった。

訴訟か仮処分か

「でも先生、現に、足場を撤去してもらうには、どうすればいいのでしょうか。このようなことは初めてで、どうしたらよいのか分からないです。」と、杉下社長が訊ねた。

「まずは、私が杉下商店の代理人として、任意で協議する方法があります。足場を撤去さえしてもらえば、当面は安心して交渉できるかと思います。ただ、浜中不動産は足場を設置してしまった以上、なかなか応じないかもしれませんが……。」と、河合弁護士が答える。

「そうですね、足場を撤去さえしてもらえれば、こちらもゆっくり交渉できるかと思います。浜中不動産が足場の撤去に応じず、解体工事を進めた場合はどのような対抗手段がありますか。」

「原則は足場の撤去及び解体工事続行禁止を求める訴訟を提起することとなりますが、訴訟手続は、おそらく判決が言い渡されるまで一年以上かかることもあります。その間に、解体工事が進められ、足場撤去を認める判決が言い渡されても、実質的に訴訟をした意味がなくなってしまう可能性があります。」

「それでは訴訟する意味がないですね。」

「そのとおりです。今回のようなケースでは、迅速的に裁判所から判断してもらう手続として、仮の地位を定める仮処分(注1)の一類型ですが、『足場撤去及び解体工事続行禁止の仮処分』の申立てが考えられます。裁判所に迅速に仮処分という暫定的な判断をしてもらうことが可能となります。」

「暫定的な判断というのはどういうことでしょうか。」

「仮処分は確定的な判断ではありませんので、仮処分後、本案訴訟を提起して決着させるのが一般的です。ただ、仮処分の申立てに対し一か月から二か月程度で認容するか否かの判断が下されるという点で、大きなメリットがあります。」

「仮処分によるデメリットはあるのでしょうか。」

「一つ挙げられるのは、今回のような仮処分については、担保金(注2)を供託しなければならないことです。訴訟のように慎重な審理ではなく、疎明等により足場撤去を命じる仮処分が迅速に下された場合には貸主は大きな負担を背負うことになるため、担保金の額は高額になるのが一般的です。おそらく、足場撤去のための撤去費用分に相当する担保金を供託しなければならなくなる可能性があると思います。(注3)」

「供託した担保金は返還されないのでしょうか。」

「いえ、この紛争が訴訟や双方の和解で解決した場合は、担保金取戻しの手続を取ります。」

「分かりました。それでは、まずは任意交渉、交渉がうまくいかなかった場合は、仮処分申立てをお願いします。」

任意交渉

早速、杉下商店から委任を受けた河合弁護士は、浜中不動産宛の内容証明郵便で、杉下商店の代理人となったこと、浜中不動産の解約通知には正当事由が認められず、賃貸借契約は未だ解約されていないこと、足場を撤去し、解体工事を中止するよう求める内容の通知を送った。

すると、浜中不動産の浜中社長から話合いをしたいとの連絡が入った。

河合弁護士は、浜中社長と面談し、速やかな足場の撤去を要求した。

「足場を突然設置され、杉下商店は非常に困惑しています。賃貸借契約も解約されていないので、今すぐ足場を撤去してください。立退きの交渉は、足場を撤去してから、話し合いましょう。」

これに対し、浜中社長は、低姿勢で応答した。

「ＹＳビルは、築四〇年と古く、大きな地震があれば、崩れてしまいます。そのため、急ぎ解体工事をする必要がありますので、足場を撤去することはできません。浜中不動産の従業員が杉下商店に失礼な言動をしたのであれば、謝罪します。立退料についても、一五〇〇万円に増額して提案しますので、どうか立退きを検討してください。」

「あくまで足場を撤去してからでなければ、立ち退きの話をすることは難しいです。また、立退料についても、これまで杉下社長が伝えたとおり、四〇〇〇万円でなければ応じられません。」と、河合弁護士は毅然と答えた。

「そうですか、それでは話にならないと思います。我々は、正当事由があり、賃貸借契約は解約されたと考えていますので、このまま足場を撤去せず、解体工事を進めたいと思います。」と、浜中社長が答えたため、交渉は決裂となった。

河合弁護士は、予想どおり任意交渉では進展しなかったため、翌日、足場撤去及び解体工事続行禁止の仮処分手続を裁判所に申し立てた。

足場撤去等の仮処分手続

足場撤去や解体工事続行禁止の仮処分のような仮の地位を定める仮処分は、口頭弁論又は債務者が立ち会うことができる審尋期日を経なければ発することができないと定められている（民事保全法二三条四項）。口頭弁論を開くのは極めて例外的な場合で、通常は、審尋期日が指定され、債務者が裁判所に呼び出され、債権者にも審尋期日が告知され、双方審尋が行われる。

第一回期日では、裁判所が当事者個別に審尋することとなった。

裁判所は、杉下商店の代理人である河合弁護士に対し、

「貸主から話を聞きました。貸主はビルの倒壊の危険があるため、まずは三階だけの解体工事を開始したと主張しています。ビルの倒壊の危険について、意見書を次回提出するとのことでした。まずはその意見書を待ちたいと思いますが、並行して、双方合意による紛争の解決も探りたいと思います。借主は、仮店舗に一時的に移り、新しいビルが完成した後、改めて入居する方向で考えているのかどうか、教えてもらえますか。なお、今回の手続中は、解体工事はストップするよう、お願いしておきました。」と、和解での解決をした

いという意向を示した。

「そうですね。仮店舗に一時的に移ることは難しいですね。」と、河合弁護士は杉下商店側の考えを述べた。

「分かりました。申立書を見る限り、立退料は貸主案では一五〇〇万円、借主案では四〇〇〇万円とかなりの開きがあるようですが、申立てを踏まえた今、譲歩の余地はありますか。」

「いえ、店舗を移転するのに、四〇〇〇万円は必ず必要になりますので、譲歩することはできません。」

「そうしますと、このまま審理を進める可能性が高そうですね。」

以上の経緯で、第一回の審尋期日は終了した。

次回の審尋期日までの間に、貸主からはビル倒壊の危険性について述べた意見書が提出された。杉下商店は、意見書に対する反論、貸主が進めている解体工事はビル全体の解体工事であることを主張した。

第二回期日でも、同じように、裁判所から、双方に対し、立退料について譲歩する余地はないかとの打診があった。しかし、双方折り合うことはなく、これ以上の和解協議は見込めないものとして、審尋は終結した。

後日、裁判所から河合弁護士に、貸主が提出した解体工事の請負契約書に定められている違約金額等をもとにして担保金を二〇〇〇万円と判断したこと、担保金が供託され次第、足場撤去の仮処分の判断をするとの連絡があったため、杉下商店は急ぎ二〇〇〇万円を法務局に供託した。

担保金が供託されたため、裁判所は、申立てを認め、浜中不動産に対し足場撤去及び解体工事続行禁止を命じる仮処分の決定を下した。

仮処分の執行

仮処分決定が下された後、河合弁護士は、杉下社長と面談した。

「先生、無事仮処分決定が出て、よかったです。」

「杉下社長も、担保金を迅速にご用意いただくなど、ご協力いただいたお陰です。その後、現場で変化はありましたか。」

杉下社長は、少し不満げに答えた。

「いえ、仮処分決定が出てから、三日が経過しましたが、特段現場に動きはなく、足場は設置されたままです。解体工事自体も、特に動きはありません。決定が出たのですから、浜中不動産には早く足場を撤去してほしいです。」

「そうですね。仮処分決定が下されても、改めて当事者間で協議が行われることもあるのですが、この様子ですと、協議再開とはならないようですね。」

杉下社長は少し身を乗り出しながら尋ねた。

「こちらから協議を申し出る必要はないと思いますし、仮処分決定もありますので、足場を撤去してもらいたいと思っています。浜中不動産に足場の撤去をしてもらうにはどのような方法がありますか。」

「仮処分決定により、浜中不動産には足場を撤去する義務と工事続行を中止する義務を負いますので、この決定を執行力のある債務名義として、保全執行（代替執行）の手続を進めることが考えられます。具体的には、杉下商店の申立てを受けた執行官が、ビルに設置された足場を撤去することができるよう授権決定を申し立てることになります。(注4)」と、河合弁護士が説明した。

杉下社長は、少し驚いた様子で訊ねた。

「執行官が足場の撤去をするのですね。仮処分決定があるのに、私の方で足場を撤去することはできないのでしょうか。」

「そうです。あくまで授権決定を得た後で、建前上、執行官に足場を撤去してもらうこととなります。ただ、執行官は解体の専門業者ではありませんので、実際に解体するに当たっては、債権者側で解体業者を探すことがほとんどです。適当な解体業者が思い当たらない場合は、私からご紹介することも可能ですよ。」と、河合弁護士が言った。

「分かりました。ただ、私共が解体業者を探し、執行官を通じて足場撤去を実施するとなると、撤去に要する費用は杉下商店が負担しなければならないのでしょうか。」

「いいえ、あらかじめ、撤去に必要な費用を請求することが可能です。解体撤去の見積書を用意していただき、見積額について、代替執行費用支払いの申立てをすることになります。」と、河合弁護士が答える。

「分かりました。では、急ぎ見積書を作成するよう、先生の方から解体業者に依頼していただけますか。先生、実際の解体に着手するまでの間に、解体工事が進められることはあるのでしょうか。」と、杉下社長が質問する。

「仮処分命令がある以上、仮処分命令に反してまで解体工事を進めるとは思えませんが、可能性を完全に否定することはできません。そのような事態になれば、間接強制を申し立てるという方法はあります。(注5)」

「先ほど話にあった、授権決定の申立てとは違う手続なのですか。」

「はい。間接強制は、義務者が義務に反した場合に一定の金額を支払うよう申し立てる手続です。」

「いろいろな手続があるのですね。初めて触れる手続ばかりで慣れませんが、よろしくお願いします。」と、杉下社長は、納得した様子で頭を下げた。

こうして河合弁護士は授権決定、代替執行費用支払の申立てを行った。

浜中不動産には申立書類が送付された。

一週間後、杉下社長から、河合弁護士に現場の足場が撤去され始めたとの連絡が入り、数日後には、全ての足場が撤去された。浜中商店からも、解体工事を中止し、足場を完全に撤去したとの答弁書が裁判所に提出された。

河合弁護士は、仮処分の目的が達成されたため、授権決定、代替執行費用支払の申立てを取り下げることとした。

建物明渡訴訟

仮処分と保全執行手続がほぼ終了したころ、河合弁護士のもとに、裁判所から、建物明渡訴訟が提起されたとの連絡があった。

河合弁護士は、杉下商店から事件を受任し、訴状の送達を受けた。

杉下社長が河合弁護士を訪ねた。

「先生、遂に、建物明渡訴訟が提起されましたね。先生、よろしくお願いします。」

「これからが本番です。解体行為が中止され、足場も無事に撤去されましたので、あとは正当事由があるかどうかの争いですね。仮処分と同様、正当事由の有無について、双方主張反論をしつつ、立退条件についての交渉をすることになりますが、これまで伺っていたとおり、杉下商店の希望する立退料は、四〇〇〇万円でよろしいのですね。」と、河合弁護士が立退料の額を確認した。

「はい。これまでは解体工事が進められると思って、焦っていましたが、足場が無事に撤去された今、少し安心しています。これからの交渉次第かと思いますが、ゆっくり腰を据えて、交渉に集中できますね。」

そう言って、杉下社長は安堵した表情で事務所を後にした。

（注1） 民事保全法二三条二項は、「仮の地位を定める仮処分命令は、争いがある権利関係について債権者に生ずる著しい損害又は急迫の危険を避けるためこれを必要とするときに発することができる。」と規定する。仮の地位を定める仮処分は、本案の請求権の全部又は一部を実現したのと同様の結果を得させるものであるから、講学上「満足的仮処分」と呼ばれ、その類型は極め

て多様である。詳細は、江原健志＝品川英基編著『民事保全の実務・上［第四版］』（二〇二二年、金融財政事情研究会）一四七頁以下参照。

（注2）保全命令（仮差押命令又は仮処分命令）は、担保を立てさせて、又は立てさせないで発令することができる。また、担保を立てさせずに保全命令を発令するものの、相当と認める一定の期間内に担保を立てることを保全執行の実施の条件とすることができる（民事保全法一四条一項）。ここでいう「担保」とは、違法な保全命令又は保全執行によって債務者に損害が生じた場合に、債務者の損害賠償請求権を担保するものである。他方、債権者側も疎明だけで担保を提供して保全命令を得ることができるため、債権者の正当な権利を保護する機能もある。更には保全命令の濫用的な申立てを防止する事実上の機能もあるとされている（上原敏夫ほか『民事執行・保全法［第6版］』（二〇二〇年、有斐閣）三〇一頁以下参照）。

担保提供の期間は、裁判所の裁量により、三日ないし七日間と定められることが多いが、大型連休や年末年始にかかる場合でも、最長二週間までとされる（江原健志＝品川英基編著『民事保全の実務・下［第四版］』（二〇二二年、金融財政事情研究会）六頁参照）。この期間内に担保を提供しなければならない。担保を提供したときは、その旨の証明書（供託書正本及び写し又は金融機関との支払保証委託契約締結証明書）を裁判所に提出する必要がある。その証明書の提出がないまま、担保提供期間を経過すると、民事保全の申立ては却下されるため、注意が必要である（江原＝品川編著・前掲書二七頁参照）。

（注3）保全命令の担保額算定の基準や方法については、江原＝品川編著・前掲注（2）二一頁以下参照。

（注4）足場の撤去など、いわゆる代替的な作為（債務者以外の者が履行しても目的を達することがで

きる作為のこと）を命ずる仮処分の執行は、本執行と同様、代替執行（民事執行法一七一条一項一号）又は間接強制（同法一七三条一項、後記注（5）参照）によって執行することになる（江原＝品川編著・前掲注（2）二六〇頁参照）。

このうち、代替執行は、債務者の費用で、債務者以外の第三者に代替的作為をさせることを債権者に授権する旨の保全裁判所の決定（授権決定）を得て、授権決定に基づいて作為を実施する手続である。授権決定で、作為実施者が債権者の申立てを受けた執行官とされた場合は、債権者は、執行官に対し、授権決定に基づく作為の実施を申し立てることになる（執行官法二条一項）。代替執行の具体的な手続については、江原＝品川編著・前掲注（2）二六〇頁以下参照。

また、「保全執行は、債権者に対して保全命令が送達された日から二週間を経過したときは、これをしてはならない。」（民事保全法四三条二項）とされており、この二週間の期間内にどのような代替的作為をすればよいのかの点については解釈上争いがある。本件のようにいわゆる代替的行為を命じる仮処分については、仮処分の執行期間の二週間内に授権決定の申立てをすれば足り、必ずしもその期間内に授権決定が発せられる必要はないと解されている（東京高決昭和五六年五月一九日・判例タイムズ四四七号八六頁参照）。

なお、執行官は、各地方裁判所に所属する裁判所職員であり、裁判の執行等の事務を行う。

（注5）民事執行法一七二条一項は、間接強制について、「作為又は不作為を目的とする債務で前条一項の強制執行ができないものについての強制執行は、執行裁判所が、債務者に対し、遅延の期間に応じ、又は相当と認める一定の期間内に履行しないときは直ちに、債務の履行を確保する

ために相当と認める一定の額の金銭を債権者に支払うべき旨を命ずる方法により行う。」と規定する。平成一五年法律第一三四号による民事執行法の改正によって間接強制の適用範囲が拡大され、同法一七三条一項により代替的作為義務についても間接強制による強制執行が認められている。

〔河原　理香〕

「仮の地位を定める仮処分」

破産法

「中小企業の破産」

廃業の危機

最近、労働事件を専門とする堀山浩之弁護士は、若手経営者交流会に定期的に顔を出している。

ある日の朝早く、交流会のメンバーの「株式会社ガトーマリー」の姫川信夫専務から電話で相談を受けた。

「当社はご存じのとおり大阪市内でケーキ屋を営んでいますが、ここ数年、ずっと苦しい経営状況が続いています。これまで必要なときは、社長が個人のお金を会社に貸し付けて、何とか資金調達をすることができていたのですが、先日、社長が急に代表取締役を辞任すると言い出して、専務の私が後任の社長になりました。ところが一昨日から、元社長と一切連絡がつかなくなりました。どうも、元社長は個人でも結構な借金を抱えていたようです。当社としても、既に三月末の支払が一部できておらず、四月一五日の支払も全く見込みが立たない状態です。それに、本日、退職者から、退職金が未払いであるとして、当社の最大売掛先への売掛金が仮差押えされてしまいました。事業自体も利益がほとんど出ていません。もはや、廃業するしかないと思っているのですが……。」と、姫川社長が気落ちした声でこれまでの経緯を説明した。

「今日が四月一一日ですから、あと四日しかありませんね。取り急ぎ、今の会社の資金の状況を正確に知りたいので、決算書、月次試算表、資金繰り表を見せていただけないでしょうか。今のお話からすると、破産申立てという線が濃厚と思います。仮に破産するなら一五日には廃業して支払いも止める、ということをしなければならないと思います。本日の夕方、本社に伺いますので、方針を考えましょう。」

そう言った後、堀山弁護士は、「ガトーマリー」の会社概要を聞き取った。

会社概要

「ガトーマリー」は、大阪市内を中心に、ケーキ屋一〇店舗を運営しており、一部はイートインコーナーを併設している。本社に併設の工場で、ケーキを製造して各店舗に出荷している。正社員は全部で三二名、その他、各店舗にパートアルバイトが総勢九〇名だ。本社、工場、店舗はいずれも賃借物件である。

手持ちの現預金は、本社の小口現金が三〇万円ほど、会社名義の普通預金口座に五〇万円しかないという。

事業は、店での小売りがメインのため、ほとんどが現金払い。一部ショッピングモールで消化仕入契約があり、これが売掛金として一か月ごとに精算される。

ここ数カ月は単月の営業収支も赤字。売掛金は仮差押えされているため、支払われていない。四月一五日に、主に材料の仕入れ代金を支払う必要がある上、約五〇〇万円の口座引落としがあるが、口座残高が不足していて支払うことができない。

二五日が給料日で、末日に賃料を支払わなければならないが、支払える見込みはない。

メインバンクからの借入れは約三〇〇〇万円で、元社長が個人で連帯保証しているが、返済方法を変更してもらっていて、現状は利息のみを支払っている。

堀山弁護士は、電話で聴き取りながら、破産するしかほかに選択肢はないとの感触をもった。そこで、同じ淀屋総合法律事務所のアソシエイトの山野嘉一郎弁護士にも担当してもらうこととし、夕刻、山野弁護士と共に本社工場に赴いた。

廃業の方針

堀山弁護士は、山野弁護士を姫川社長に紹介しつつ、「お送りいただいた決算書等も拝見しましたが、この状況ですと、破産手続きを選択せざるを得ないかと思います。」と、感想を述べた。

「やはり、そうですか。私としても、元社長とも連絡がつかない状態で資金の当てもありません。廃業もやむを得ないかと思っています。従業員や取引先に迷惑をおかけするのが忍びないですが、よろしくお願いいたします。」と、姫川社長は頭を下げた。

「早速ですが、一五日の支払日に口座引き落しによって預金が目減りするのは避けないといけませんし、買掛先に支払いができないとなると店舗や工場に債権者が乗り込んで来て混乱が生じるかもしれません。それを考えると、一五日の前に事業を止めなければなりません。時間がありませんが、事業停止は一四日に行いたいと思います。一四日の営業終了をもって閉店し、その場で従業員を解雇することになります。初動は当事務所のほかの若い弁護士も入ってもらって、主要な店舗には行きたいと思いますが、店長にも協力してもらう必要があります。閉店時間より少し前に店長に本社に集まってもらうことはできますか。」と、堀山弁護士は訊ねた。

「その点は承知しました。」と姫川社長。

すると、堀山弁護士は、今後の段取り等につき、必要な指示を始めた。

「破産する、ということは、直前まで内密にお願いします。店長を呼び出す際も破産ということは言わず、用件は伏せてください。それと、経理、総務のスタッフの協力もいただく必要があります。社内の事情をよく分かっている方にお手伝いいただきたいと思います。」

「経理は金井という者が担当しています。総務人事関係は佐々木という者です。事情も理解して協力してもらえると思いますので、頼んでおきます。」と、姫川社長が答えた。

「それでお願いします。ご両名には破産ということを伝えざるを得ませんが、くれぐれも他の従業員や社外に口外しないよう念押ししておいてください。」

そう言った堀山弁護士は、続けて説明した。

「破産の申立てには、一定の費用を要します。申立代理人である我々の費用もお願いしなければなりませんが、それに加えて、裁判所への予納金、管財人への引継予納金が必要です。(注1)会社の口座に預金を残したままにすると、債権者から仮差押えされたりする危険性があります。そこで当事務所の預かり口座で預金をいったんお預かりさせていただきますが、よろしいですね。」

「はい、お願いします。」

「一四日に事業を停止した時点で、債権者に対し、受任通知といって、事業を停止して破産申立ての準備に入ったことと支払いを停止することをお知らせする書面を送ることになります。御社の債権者のリストアップをお願いします。」

「分かりました、経理の金井さんにお願いしておきます。」

「解雇通知書は我々の方で作成しますので従業員一覧をお送りください。全従業員の離職票の準備をお願いします。」

「離職票は佐々木さんにお願いするようにします。」

こうして三日後に事業停止して破産する方針が決定され、そのための準備が始まった。

早速、堀山弁護士は、山野弁護士に指示し、本社工場の写真撮影、タイムカード、賃金台帳、会計資料などの必要書類の収集、その他有価品の有無の調査を行わせ、若干の切手などを回収した。

店長への事前説明

四月一四日午後、堀山弁護士は再度本社事務所を訪れた。

夕方、店長が集められた。

「本日をもって、ガトーマリーは事業の継続を断念し、破産申立ての準備に入ることとなりました。これまで苦しい状況の中、皆さんには会社のために頑張っていただきました。ありがとうございました。大変苦渋の決断ではありましたが、私ども経営陣の力不足です。元社長とも連絡がつかない状況ですので、情けなく、誠に申し訳ありません。皆さんも本日をもって解雇ということとなります。この後、皆さんには店舗に戻ってもらい、従業員に今お話ししたことを説明いただくことになります。最後の仕事ですが、何卒宜しくお願い致します。」と、姫川社長は深々と頭を下げた。

「今、社長から説明があったとおり、ガトーマリーは、本日をもって事業を停止し、破産申立の準備に入ります。皆様も本日で解雇せざるを得ません。解雇通知書をお渡ししますので、下段の受領欄に、サインをお願いします。今後弁護士から連絡をさせていただく可能性もありますので、電話番号のご記入をお願いします。また、大変心苦しいのですが、会社の現在の資金の状況から、皆さんに対する解雇予告手当や最後の給料のお支払いができない状況です。この点は、未払賃金立替払制度というものの利用を検討しています。破産手続開始後なので、数か月先になりますが、原則として未払賃金の八割までを国が立替えて支払うという制度です。ただ、制度上解雇予告手当は立替払いの対象とはなりません。立替払いの手続については改めてご案内させていただきます。離職票も交付させていただきます。失業保険受給のためには、これをハローワークにご持参ください。健康保険証も使えなくなりますので、ご面倒ですが、国民健康保険への加入をお願いします。詳細はお住まいの市役所でお尋ねください。」などと、堀山弁護士は一通りの説明を行った。

続けて、次のような指示を出した。

「店長の皆さんにはこれから店舗に戻っていただいて、出勤しているスタッフに同様の説明をしていただく必要があります。説明資料をお渡ししますので、これを元にご説明をお願いします。なお、一部の店舗には弁護士が向かっていますが、全店舗には行けませんので、何かご不明点やお困りのことが生じたら私にお電話ください。本日出勤していない方には、誠にお手数ですが、電話でご説明をお願いします。その後、店舗内の現金や小切手などの有価物、出納帳などの会計資料、タイムカード、店舗や金庫の鍵などを持って、本社までお戻りください。可能であれば店舗内外の写真も撮影お願いします。」

すると、店長から「元社長を匿っているのか。」などと厳しい質問も出た。

そこで姫川社長と堀山弁護士は、元社長とは我々も連絡がつかず困っていることや、混乱を最小限に抑えるために破産することなどを粘り強く説明したため、何とか事態を沈静化することができた。

そのほか、「立替払制度で確実に給与は支払われるのか。支払われるならいつなのか。扶養家族の保険証はどうすればよいのか。店舗には牛乳や在庫品もあるので、廃棄しないと腐ってしまうのではないか。」などの質問も出た。

「立替払制度は、みなさんのタイムカードなどから勤怠を計算し、管財人に証明してもらった上で、申請をすることになるので、未払給与の八割を受け取れることはまちがいありません。申請には時間がかかります。我々としても速やかに手続を進めたいと思っていますが、数か月はかかると思います。また扶養家族の保険証も使えなくなりますので、会社に返却していただきたい。店舗の在庫品など腐りやすいものは、可能であれば廃棄していただきたいが、量が多い場合は別途ゴミ収集を依頼することも検討しますので、連絡してください。」などと堀山弁護士は順次説明した。

店舗の法的対応

堀山弁護士は、ガトーマリーの各店舗の営業時間が終わる頃、近郊の店舗に臨場した。

店長からスタッフへの解雇通知などを行った後、レジを締めて、現金を回収し、腐る可能性のある牛乳などは廃棄し、店舗を施錠しシャッターを閉めた。その上に、廃業したこと何人の立入りも禁止する旨を記載した告知書を貼り付け、店長から鍵を受け取って本社に戻った。並行して、債権者あてに受任通知を順次ファックス送信した。

翌日以降、堀山弁護士は、山野弁護士と手分けして、店舗の賃貸人に賃貸借契約の解約申入書を送付した。

まずは、原状回復義務を履行できないため、鍵を返却することで明渡しを履行し、原状回復費用は敷金から控除する、あるいは破産手続において破産債権として処理するという方針を立てた。

店舗のオーナーの一部には「原状回復がなされないまま明渡しとは認められない」として反発する者もいた。

そこで、堀山弁護士は、「会社に原状回復義務を履行する資力はないのでご理解いただきたい」、「破産債権として届け出ていただいて、破産手続で配当が可能になればわずかかもしれないが配当がある可能性がある」、「ほかの店舗でも同じ扱いにさせていただいている」などと、粘り強く説明を続けた。

こうして順次、明渡し確認書を取り付けていった。三店舗が原状回復未了での明渡しに抵抗を続けていたが、明渡しが遅れると滞納賃料が膨らんでしまうため、早期に明け渡す必要があった。

また、店舗を明け渡すまでに、店舗の什器備品の処理を行う必要があった。堀山弁護士は複数の動産買取業者に内覧してもらい、査定を取得した上で最も高額の値を付けた業者に買い取ってもらった。ただ、店舗には、一部電話や調理器具などのリース機器が存在したため、これらは順次返却するか、リース会社から所有権放棄してもらって処理した。

売掛金処理

堀山弁護士は、仮差押えされている売掛金の処理を検討した。

請求債権は、退職金約一五〇〇万円。仮差押債権はショッピングモール運営会社である浪速モール（株）に対する売掛金のうち一五〇〇万円に満つるまでの額であった。売掛金は全部で約四五〇万円であったため、一五〇万円を超える部分である三〇〇万円については、堀山弁護士が新設した預かり口座に入金してもらった。

既に退職金請求訴訟の提起がなされており、判決が出ると直ちに本執行に移行することが想定されたため、速やかに破産手続開始決定を得て、仮差押えを失効（破産法第四二条第二項）させる必要があった。他方で、店舗の明渡しが完了しないまま破産手続を申し立てることになると、予納金が不足する懸念があった。そこで、訴訟の進行をできるだけ遅らせるため、やや無理筋であるものの、退職金規程が廃止されていることなどの主張を小出しに行うことにした。（注2）

後継テナント問題

店舗の明渡しが進む中、大手カフェチェーン店の「エンボール」が、後継テナントとして駅前の一店舗に入居したいとの打診をしてきた。

堀山弁護士は、エンボールの担当者の熊野氏と事務所で面談した。

熊野氏は、「駅前の店舗は通勤客も多く、是非、当社が進出したいエリアです。居抜きで譲り受けたいと思っています。」と切り出した。

堀山弁護士は、「既にオーナーに解約通知を出していますので、居抜きであるとしても賃借権譲渡ではなく新たに契約を締結してもらうことになると思います。居抜きということで、ガトーマリーが投資した内装や什器類などを購入してもらえるなら、ガトーマリーにとってもありがたいと思っています。」と答えた。

「居抜きですが、当社はケーキを売るわけではないので、備品等は廃棄をお願いしたいと思います。内装も、当然我々の店舗仕様に変更しますので、そのまま使うわけではありません。ガトーマリーさんに費用を支払するというのは当社内でもなかなか説明がつきにくいところです。」と、熊野氏は有償で譲り受ける意向はないことを明言した。

堀山弁護士は、「それであればやむを得ませんが、我々破産申立代理人は、ガトーマリーの財産を保全して管財人に引き継ぐ義務を負っていますので、なんでも無償でお渡しするというわけにはいきません。確かに、什器備品類は転用が難しいものも多く、動産買取業者による査定でもそれほど高額ではありませんが、それでも無価値というわけにはいきません。御社にとって何が必要で何が不要か、当方で判断することはできませんし、ガトーマリーはご存じのとおり破産準備中で、御社にとって不要なものを廃棄する費用を捻出することもできません。そこで、店舗を一度ご覧いただいて、今残置されているもので必要なものはそのまま使っていただくとして、御社にとって不要なものは御社の負担で廃棄処分していただく、ということで進めさせていただくというのはいかがでしょうか。これであれば、ガトーマリーとしても、廃棄費用の負担を免れる点で経済合理性の説明がつくと思っています。」と、妥協案を提示した。

後日、堀山弁護士は、熊野氏と共に駅前店舗を訪れた。

熊野氏は「ケーキのショーケースなど不要なものも多いですが、これらの廃棄費用を当社が負担することは了解します。」と、妥協してくれた。

こうして、ガトーマリーと賃貸人との賃貸借契約を解約した上で、新たにカフェチェーン店と賃貸人とで契約を締結してもらうが、居抜きであることを踏まえ、ガトーマリーの原状回復義務を免除してもらう条件で、敷金から滞納賃料を控除した残額を返還してもらうことで話を進めた。もっとも、実質は賃借権譲渡に近いため、後日否認(注3)されるリスクを避けるため、できれば、管財人候補者に内諾を得ておくことが望ましいと考えられた。

仮差押えの失効のためには早期に破産手続開始の決定を受ける必要であるという事情もあった。そこで、裁判所に事前相談の上、管財人候補者を事前に選定してもらい、事実上管財人候補者からの異議がないことを確認しながら進めることとした。

管財人候補者と破産手続開始の決定

管財人候補者の織田忠文弁護士の事務所に赴いた堀山弁護士は、次のような希望を述べた。

「現状、引継ぎ予納金として準備できるのは約一五〇万円です。一〇店舗のうち八店舗は解約・明渡しが完了又は完了見込みです。八店舗のうち一店舗は、先日お電話で少しお話ししたとおり、居抜きでカフェチェーンが後継テナントに入る予定です。残り二店舗は明渡しを認めない意向であり、明渡未了のまま申し立てることも考えられますが、滞納賃料が膨らみますし、できれば開始決定前に明渡の目途は立てたいと思っています。」

「まず、居抜きの店舗ですが、きちんと敷金の返還も確保していただいており、什器備品等の簿価も小さいので、これで否認ということは考えていません。引継ぎ予納金に余裕があるわけではありませんので、明渡し未了の状態での開始決定は難しいと思います。明渡しが遅くなればなるほど敷金の価値が減少しますので、とにかく早く明渡しを進めていただくのが良いと考えています。オーナーには開始決定が遅れることのデメリットを強調していただきたいですね。」と、織田弁護士はコメントした。

そして堀山弁護士は、並行して、解雇した従業員の解雇予告手当、未払賃金、未払退職金の計算を行ったところ、現有の財団では、到底支払いが不能であったため、これは、未払のまま管財人に引き継ぐこととした。(注4)

これらの計算、源泉徴収票の作成、健康保険等の資格喪失届の提出などの作業、会計の締め作業は、ガトーマリーの経理部門の金井氏、総務人事部門の佐々木氏という元従業員二名に業務委託し、日当を支払った。

また、店舗には機械警備がセットされており、解約に伴い警備機器の撤去が必要となる。撤去作業は警備会社が行うが、その立会いが必要であるところ、これについても、総務担当の元従業員の協力を得ながら対応した。

破産手続開始の申立て

幸い、六月末には全店舗の明渡しができる目途が立った。

また、係属中の退職金請求訴訟について、弁論が終結され、六月一五日に判決言渡し期日が設定された。

このような状況を踏まえ、堀山弁護士は、織田弁護士と裁判所に対し、六月一五日までに破産手続開始の決定を得たい旨要望した。

堀山弁護士は、織田弁護士同席のもと、裁判官と面談した。裁判所は、同月一四日に破産手続開始の決定の要否を判断したいので、それに先立つ同月一一日までに申立書を提出するよう堀山弁護士に求めた。

予定通り、六月一五日に破産手続開始の決定があり、その後、堀山弁護士は、管財人と協働し、未払賃金の立替払制度の申請を行った。

管財人が未払い賃金額を証明することとなるが、その根拠資料は申立代理人が収集しているため、実務上、未払い額の計算、根拠資料の提示を行うことが多い。特に、本件は従業員数が一〇〇名を超えるため、申請に先立って、労働者健康安全機構に事前相談を行い、必要資料を揃えたところ、立替払いがなされた。

そのほか、堀山弁護士は、適宜管財人からの照会事項への対応等を行った。

その後、破産手続としては、第二回債権者集会までに換価が完了したが、破産債権者に対する配当をすることができるだけの配当財団を形成できなかったため、滞納公租公課や労働債権等の財団債権の按分弁済が行われ、異時破産手続廃止(注5)により終了した。

（注1）川畑正文ほか編『はい六民ですお答えします～倒産実務Q＆A～〔第二版〕』（二〇一八年、大阪弁護士協同組合）九五頁によれば、大阪地裁における法人破産の引継予納金は、原則として、①明渡未了物件が一つの場合、最低五〇万円、②明渡未了物件が三つまでの場合、最低一〇〇万円との運用がされている。

（注2）退職金債権は、民法三〇六条二号、三〇八条に基づく雇用関係の一般先取特権の対象となる。先取特権に基づく差押えは、判決等の債務名義を要せずに、仮差押えではなく本差押えが可能である（民事執行法一八一条一項四号、一九三条一項）。本差押えがなされていれば、債権者は差押命令送達日から一週間を経過すれば取立てが可能となるため（民事執行法一五五条一項）、売掛金の弁済期が到来すれば現実に回収されたはずである。本事例では退職金債権を被保全債権とする仮差押えがなされたため現実に回収されることはなく、債務者としては助かったケースである。債権者（労働者）側の弁護士としては一般先取特権に基づく差押えをまず検討すべきであろう。

（注3）破産法一六〇条一項二号は、支払い停止後に「破産債権者を害する行為」をした場合、受益者が善意を立証しない限り否認の対象行為となると定める。また、申立代理人には破産者の財産散逸防止義務がある（東京地判平成二一年二月一三日・判時二〇三六号四三頁）。申立代理人が破産財団に属することとなる財産を（必要に迫られて）処分する際は財団を毀損しないよう留意する必要がある。

（注4）未払賃金立替払制度は、賃金の支払確保等に関する法律七条に基づき、企業倒産に伴い賃金が支払われないまま退職した労働者に対し、政府が賃金の八割を立替払する制度である。退職後

六か月以内に破産手続開始申立又は労基署長への認定申請がなされることが必要であり、未払賃金額等について、破産管財人の証明又は労基署長の確認を受けることが必要である。なお、解雇予告手当は立替払制度の対象とならない。立替払い請求は個々の労働者が行うというのが制度上の建付けであるが、実務上は、管財人が取りまとめていることが多い。

（注5） 異時破産手続廃止とは、裁判所が、破産手続開始の決定があった後、破産財団をもって破産手続の費用を支弁するのに不足すると認めるときに、破産管財人の申立てにより又は職権で、破産手続を廃止することをいう（破産法二一七条一項）。実務上、異時破産手続廃止で終了するケースとしては、管財人報酬は確保できるものの、租税債権等の財団債権が多額で破産債権者に対する配当財団を形成できない場合が多い。

〔堀内　聡〕

プロバイダ責任制限法

「ネット中傷」

インフルエンサーからの相談

インターネットの普及は著しいが、数々の問題を引き起こし、新しい用語も生まれている。SNS上で影響力を持つインフルエンサーもその一つである。「influence（影響）」と「er（する人）」を掛け合わせた造語である。

今回は、インフルエンサーからの相談案件である。淀屋総合法律事務所で、インターネット問題の第一人者といえば、霧島遼太郎弁護士だ。彼は、Twitterやインスタグラム（Instagram）等のSNS上で法律関連の情報発信も行っている。

令和五年一月初め、霧島弁護士は、柳生弁護士から、「兼元不動産」の金本清昭社長の娘「佳奈」がネット上で誹謗中傷の被害に遭っている問題で相談に乗るよう依頼され、来所した金本社長と佳奈と面談した。

新年の挨拶を交わした後、霧島弁護士は次のように切り出した。

「早速ですが、ご息女のネット中傷について詳しくお話を聞かせていただけますか。」

緊張した面持ちで座っていた佳奈が口を開いた。

「私、幼い頃からファッションのことが大好きで、五年ほど前から、インスタ上で、おしゃれをした自撮り写真をアップするようになったんです。初めは、仕事の合間の趣味という軽い気持ちだったんですけど、『いいね』や『コメント』の数が増えると嬉しくなって、今では、『桜木聖子』と名乗り、ちょっとしたインフルエンサーとなっています。今でも父親の会社で経理の仕事を続けているのですが、最近は、企業からの広告案件も増えていて、インスタでのお仕事がメインになりつつあります。」

「どれくらいのフォロワーがいらっしゃるのですか。」

「まもなく三〇万人を超えそうです。」

「それは、すごい。」と言って、霧島弁護士は、金本社長にも分かるよう相談に当たってのインターネットの基礎用語などの説明を始めた。

「最初に、基礎的な用語の説明をします。インスタグラムというSNSを略してインスタと呼びますが、インスタでは、自身のアカウント上で、画像や動画を投稿することができ、他の利用者は、『いいね』ボタンを押してリアクションしたり、『コメント』機能でメッセージを送ったりすることができます。フォロワーとは、興味があるアカウントを登録した者です。インスタは、一〇代から四〇代の女性の利用者が多く、数多くのフォロワーを抱えるインフルエンサーは、自身のSNS上で商品やお店を紹介してもらいたいという企業からの広告案件で収入が得られています。」

「私らの年代の者は直ぐに理解できないですな。」と、金本社長が言った。

「数か月ほど前から、投稿の度、『ブス、ヤリマンが』といった誹謗中傷がコメント欄に書かれるようになったんです。最近は、不安であまり寝られません。」と、佳奈は訴えた。

「最近の佳奈の様子を見ていると私も辛くて。何とか投稿者を突き止めて、誹謗中傷を止めさせることはできませんかね。」と、金本社長が懇願する。

「投稿者を見つけ出し、投稿を削除してもらって、慰謝料を支払ってもらいたいのです。できれば、罪を償ってもらいたいと思っています。」と、佳奈が言った。

プロバイダ責任制限法

霧島弁護士は、「佳奈さんのご意向は分かりました。実は、プロバイダ責任制限法(注1)という法律があります。平成一三年に、インターネット上の匿名の情報発信による被害を踏まえて、ネット環境を整備するために制定されたものです。この法律によって、発信者の氏名や住所等の情報を有しているプロバイダに対して、『発信者情報の開示を請求する権利』が認められました。今回の事案でも、プロバイダに対して、佳奈さんへの誹謗中傷を行った投稿者の発信者情報の開示を求めることで、発信者を特定できるのではないかと思います。」と、言って、ノートパソコン上で、自身のインスタのアカウントを開いた。

佳奈から伝え聞いたユーザーネーム（アカウント名）をもとに桜木聖子のアカウントを見付けた霧島弁護士は、「コメント欄を見ると、直近の元旦の投稿にも、同様に『ブス、このヤリマンが。』と書かれていますね。遡って投稿を見てみると、どうやら、誹謗中傷を行っているのは、destroyerという特定のアカウントのようですね。」と、付け加えた。

元旦の投稿には艶やかな着物姿を披露する笑顔の佳奈が写っていた。酷い書込みを繰り返すもんだと、霧島弁護士は呟きながら冷静に話を進める。

「今回の事案では、令和三年改正のプロバイダ責任制限法（令和四年一〇月一日施行）が適用されます。この改正法のもと、発信者情報の開示を一つの手続で行うことを可能とする新たな裁判手続が導入されました。ネット中傷の被害者救済のためのもので、従来よりも簡易・迅速に発信者情報の開示を受けられます。」

「従来は、一つの手続ではできなかったのですか。」と、佳奈が訊ねた。

「そうです。発信者の特定には、原則として少なくとも二回、プロバイダに対して、発信者情報の開示請求を行う必要がありました。まず、『5ちゃんねる』のような掲示板サービス事業者が代表的ですが、インスタのような投稿サービス事業者を含むコンテンツプロバイダに対して、発信者情報の開示請求を行います。これによって、発信者の氏名や住所が特定できれば良いのですが、コンテンツプロバイダが発信者の氏名や住所といった情報を保有していない場合が少なくありません。『5ちゃんねる』には、氏名や住所を入力することなく、書込みができますし、インスタのアカウントの作成時に氏名や住所の入力は求められません。そこで、コンテンツプロバイダに開示請求を行うのは、発信者が情報発信した際に使用したIPアドレス(注2)や、それが使われた時間(タイムスタンプ)といった情報となります。ここまでが一度目の手続です。ここまで大丈夫ですか。」

そう言って、霧島弁護士は一息入れた。

インターネット問題は、難解な専門用語が並ぶため依頼者への説明が難しい。困り顔の佳奈に対して、再度、霧島弁護士は丁寧に説明を行った。

「ここからが二度目の手続です。開示されたIPアドレスをもとに、whois検索(注3)で経由プロバイダを割り出します。経由プロバイダとは、インターネットに接続するサービスを提供している事業者です。インターネットサービスプロバイダ（ISP）やアクセスプロバイダとも呼ばれます。例えば、KDDIやソフトバンク等がこれに当たります。そして、今度は、経由プロバイダに対して、発信者の氏名や住所の開示を求めて、二度目の発信者情報の開示請求を行うわけです。」

「二回の請求が必要なので、時間が掛かってしまうということですね。」と、佳奈が口を挟む。

「ええ。さらに、コンテンツプロバイダの中には、任意の開示には応じない者や開示までに時間がかかる場合もあります。そのため、実務上、民事保全法の仮処分手続を利用する方がより確実で迅速に進めることができるのです。また、経由プロバイダについては、通常、発信者が開示に同意しない限り、任意の開示は期待できませんので、経由プロバイダを被告として発信者情報開示請求訴訟を提起するのが一般的です。このように、従来は、二段階の発信者情報の開示請求が必要であったことに加え、仮処分、訴訟と二つの法的手続が必要となることが少なくなかったのです。そのため、被害者にとっては、手続的な負担が大きく、発信者情報の開示が得られるまでに、長ければ一年以上の歳月を要することもあったのです。」

「なるほど。今では、それが一つの裁判手続で行えるわけですね。ブスなどと言われて、暗い気持ちになっていましたが、救われたような感じがします。」

「もう少し詳しくご説明すると、訴訟ではなく、簡易・迅速な処理が期待される非訟手続として、開示命令、(注4)提供命令、(注5)消去禁止命令(注6)という裁判所による三つの命令の申立てが創設されました。開示命令の申立てでは、コンテンツプロバイダと経由プロバイダへの発信者情報の開示について一体的な審理が可能になったほか、提供命令と消去禁止命令の各申立てによって、開示命令までの間に該当する発信者情報の迅速な保全が可能となりました。」と、霧島弁護士が言った。

開示請求の範囲

霧島弁護士は、続けて、令和三年改正のプロバイダ責任制限法では、ログイン型サービス（インスタ、Twitter、Facebook、Google等）を念頭に、開示請求を行うことができる範囲が次のように見直されたことを説明した。

ユーザID等を入力することにより自らのアカウントにログインした状態で投稿を行うログイン型サービスの中には、ログイン時のIPアドレス等（ログイン時情報）を記録しているものの、投稿時のIPアドレス等は記録していないものもある（インスタ、Twitter、

Facebook、Googleもこれに当たる。)。

このようなログイン型サービスは、プロバイダ責任制限法が制定された当時には想定されておらず、ログイン時情報が「当該権利の侵害に係る発信者情報」という開示対象となるのか、また、経由プロバイダは、ログイン時情報を媒介しただけであって、侵害情報を媒介したわけではないから、開示する義務を負う「開示関係役務提供者（当該特定電気通信の用に供される特定電気通信設備を用いる特定電気通信役務提供者）」に当たるのかなど、令和三年改正前のプロバイダ責任制限法第四条第一項の文言を巡って、裁判例(注7)も分かれている状況にあった。従来、開示対象が権利侵害通信に限定されていた点を改めて、ログイン時情報の送信に関しても「侵害関連通信」として開示対象とした。ただし、すべてのログイン時情報の送信が開示対象となるのではなく、「侵害関連通信」は、侵害情報の発信者が行った①アカウント作成等通信、②ログイン等通信、③ログアウト通信、④アカウント削除通信のいずれかの類型に該当する通信であって、それぞれ侵害情報の送信と相当の関連性を有するものとされている（プロバイダ責任制限法第五条第三項、施行規則第五条(注8)）。

また、侵害関連通信が開示対象になった結果、「特定発信者情報(注9)」が新たな類型として開示対象となる発信者情報に加わり、例えばログイン時のIPアドレスやタイムスタンプが開示対象となった。

なお、従来の発信者情報は、「特定発信者情報以外の発信者情報」（ログインを行った者の氏名や住所を含む。）として整理され、「発信者情報」は、「特定発信者情報以外の発信者情報」と「特定発信者情報」を含むものとなった。

開示請求の要件

「では、今回の事案では、インスタの運営法人へのログイン時情報（特定発信者情報）の開示命令の申立て等を進めていきましょう。コンテンツプロバイダに対する特定発信者情報の開示請求の要件ですが、改正前から存在した①権利侵害の明白性（プロバイダ責任制限法五条一項一号）と②開示を受ける正当な理由（同条同項二号）に加えて、③補充的な要件（同条同項三号）を充たす必要があります。」と、霧島弁護士が説明し、その要件の充足の有無を検討した。

まず、①権利侵害の明白性とは、権利侵害の事実があること及び違法性阻却事由の存在をうかがわせるような事情が存在しないことを意味するところ、今回の事案では、「ブス」や「ヤリマン」といった誹謗中傷の書込みがなされている。これらの書込みについては、民事上の名誉毀損又は侮辱行為に当たるか否かが問題になる。

名誉毀損とは、対象者の外部的な社会的評価を低下させるものをいい、一方、侮辱行為とは、外部的な社会的評価を低下させるものではなく、人の名誉感情を害するにとどまるものをいう（注10）。

「ブス」とは、容姿や印象が劣ることを指す侮蔑的な言葉である。「ブス」だけなら、単なる軽蔑の表示にとどまり、外部的な社会的評価を低下させるものではないので、名誉毀損とはいえないが、人の名誉感情を害するものであるから侮辱行為といえる。一方、「ヤリマン」とは、軽はずみに不特定多数の男性との性的関係を持つ女性のことである。これが外部的な社会的評価を低下させるものといえるか微妙であるが、仮に名誉毀損に当たらずとも、侮辱行為に該当するから①の要件を充足している。

次に、②の開示を受ける正当な理由については、発信者情報の開示によって発信者を特定し、今後、投稿の削除請求、民事上の損害賠償請求、刑事告訴等を予定していることから、特に問題はない。

③の補充的な要件についても、プロバイダ責任制限法五条一項三号のイないしハのいずれか充足する必要があるところ、ログイン時情報を記録しているものの、投稿時のIPアドレス等は記録していないログイン型サービス等を念頭に置いたもので、かかるサービスに

当たるインスタについては、これを充足している。(注11)

初期段階の証拠保全

「霧島先生、私の方で準備すべきことはあるでしょうか。」と、すっかり安心した様子の佳奈が訊ねた。

「弁護士費用や実費については、見積書を作成してお送りします。また、委任契約書や法的手続を進めるに際しての委任状等の必要書類についても別途ご案内します。佳奈さんにおかれましては、辛いとは思いますが、今後もご自身のインスタのアカウントを定期的にチェックされて、コメント欄に、新たな誹謗中傷の書込みを発見されたら、直ちに、ウェブブラウザ上で、その書込みと書込みを行ったアカウントをスクリーンショットで画像として保存してくださいね。それから、書込みがあった閲覧用URLと、当該アカウントのURLを保存した上で、直ぐに私にお知らせください。既に行われている誹謗中傷の書込みについては、私の方でこれらの作業を行います。」

と、霧島弁護士は、自身のノートパソコンを佳奈に向けて作業手順を示しながら、説明した。

このように初期段階で証拠を保全しておくことは、発信者情報の開示請求の手続や、民事上の損害賠償請求、刑事告訴等を行う際に極めて重要となる。

開示命令の申立てと発信者の特定

佳奈からの正式な依頼を受けた霧島弁護士は、直ぐに準備に取り掛かった。

二週間後に、東京地方裁判所にて、インスタの運営法人Meta Platforms,Inc.に対するログイン時情報（特定発信者情報）の開示命令の申立てと、提供命令の申立てを行った。[注12] その際、併せて発信者の電話番号[注13]についても発信者情報の開示命令の対象とした。インスタやTwitter等は、アカウントの作成時にメールアドレス又は電話番号を必要とすることから、上記の開示命令によって、発信者の電話番号が開示される可能性があり、その後、開示を受けた電話番号の名義人を、弁護士法二三条の二に基づく照会（弁護士会照会）を利用して特定する。

その後、提供命令によって経由プロバイダがＫＤＤＩであったことが判明した。

今度は、ＫＤＤＩに対するログインを行った者の氏名や住所等の開示命令を申し立てるとともに（プロバイダ責任制限法五条二項に基づき、侵害関連通信を媒介した経由プロバイダも関連電気通信役務提供者として開示関係役務提供者とするもの）、消去禁止命令の申立てを行った。

二か月後、発信者の電話番号については、インスタ側が保有しておらず、空振りに終わったものの、ＫＤＤＩに対して、ログインを行った者の氏名や住所の開示を命令する旨の決定が得られた。その後、ＫＤＤＩ側に異議はなく、一か月の不変期間を経過した（プロバイダ責任制限法一四条一項）。当該決定は、「確定判決と同一の効力を有」することになった（同条五項）。

直ちに、霧島弁護士がＫＤＤＩに対して当該決定に基づき発信者の氏名や住所の開示を求めると、ＫＤＤＩからの回答があった。遂に誹謗中傷を行っていたdestroyerというアカウントの正体が判明したのである。

氏名：荒尾庸平

住所：Ａ市〇〇町一の一〇

依頼者への報告と今後の方針

ゴールデンウイーク明けの午後、霧島遼太郎弁護士は、淀屋総合法律事務所の会議室で、佳奈と金本社長と面談した。

「霧島先生、本当にありがとうございました。」と、佳奈が満面の笑みを浮かべて頭を下げた。金本社長も満足そうだ。

「少し時間は掛かりましたが、第一段階をクリアしました。引き続き、気を緩めることなく、対応したいと思います。ところで、佳奈さんや金本社長は、A市の荒尾庸平については、ご存知でしょうか。」

二人は大きく首を振った。

A市○○町一の一○をGoogleマップで検索すると、立派な一軒家で、家主が資産家のようだ。

発信者の特定には至ったものの、この間も、destroyerは、桜木聖子の投稿に対して誹謗中傷のコメントを続けていた。佳奈が沖縄のビーチで水着姿で寝そべる様子を写した直近の投稿には、「相変わらず、ブスでヤリマン。」と、書かれていた。

「今後の方針としては、私が、佳奈さんの代理人として、弁護士名義の内容証明郵便で、荒尾に対して通知書を送付しようと思っています。通知書では、荒尾が書込みを行ったことを前提に、荒尾に対して、投稿の削除と、民事上の損害賠償請求として、一○○万円の慰謝料と今回の発信者情報の開示請求に要した弁護士費用等として五○万円(注14)の支払いを求めたいと考えています。」と、霧島弁護士は、今後の方針について説明する。

「実際のところ、慰謝料って、どれくらい認められるんですか。」と、佳奈が訊ねた。

「実務上、今回のような誹謗中傷の事案ですと、数十万円から一〇〇万円程度の慰謝料が認められているケースが多いと思います。」

「ところで、霧島先生に送っていただく通知書に対して、無反応だったり、自分はやっていないと白を切った場合、どうなるんでしょう。」と、佳奈が続けて訊ねた。

「荒尾が真摯に対応しないようであれば、荒尾に対して、慰謝料や弁護士費用等の支払いを求めて民事訴訟を提起するほか、侮辱罪や名誉毀損罪での刑事告訴を行うことが考えられます。この点についても通知書内で言及し、荒尾において真摯に対応するよう、求めたいと思います。」

その後、霧島弁護士は、令和四年改正刑法で、侮辱罪の法定刑が、「拘留（三〇日未満）又は科料（一万円未満）」から「一年以下の懲役若しくは禁固若しくは三〇万円以下の罰金又は拘留若しくは科料」に引き上げられたことや、名誉毀損罪や侮辱罪は親告罪であるか(注15)ら、「犯人を知った日から六か月」という告訴期間を念頭に対応しなければならないことを説明した。

代理人弁護士からの回答と長男の告白

二週間後、荒尾の代理人弁護士である山川弁護士から回答書が届いた。

回答書によれば、荒尾は、五〇代の男性で、A市〇〇町一の一〇の自宅で契約するインターネットのプロバイダであるKDDIから送られてきた「発信者情報開示に係る意見照会書(注16)」に対して、インスタ等のSNSを利用したことはないし、金本佳奈や桜木聖子については聞いたこともないし、書込みについても全く身に覚えがなかったことから、放置していた、という。

霧島弁護士は、直ぐに山川弁護士に電話をし、荒尾が自宅で契約するインターネットを利用して書込みがなされた以上、単に「身に覚えがない」というだけでは、到底信じられず、山川弁護士において、同居の家族や自宅に出入りする者によって書込みがなされた可能性がないかについて調査をするよう求めるとともに、合理的な反論がなければ、民事訴訟の提起と刑事告訴を行わざるを得ないと伝えた。

二週間後、山川弁護士からヒアリング結果をまとめた書面が届いた。

同書によれば、荒尾は、妻美智子と長男孝夫と同居しており、荒尾が美智子と共に、孝夫を問い詰めると、孝夫が泣きながら自分がやったと告白した、という。

山川弁護士からは、電話で、過去の誹謗中傷の書込みについてすべて削除済みであるとの報告と共に、両親の強い希望で孝夫の今後の人生のためにも誠意をもって対応したいから、「荒尾が孝夫を連れて、直接佳奈に会って謝罪したい」との提案と、慰謝料として一〇〇万円と今回の発信者情報の開示請求に要した弁護士費用等として五〇万円を支払う旨の提案を受けた。

山川弁護士から電話で伝え聞いた内容によれば、どうやら、浪人生であった孝夫が思った以上に成績が伸びず、浪人仲間から教えてもらった桜木聖子のアカウントを眺めるうちに、キラキラした人生を送る佳奈に対して嫉妬を抱き、ストレスのはけ口として、誹謗中傷の書込みを行ってしまい、二度目の大学受験にも失敗してしまったことから自棄になった、というのが事の真相のようである。

示談による解決

以上について、霧島弁護士は、佳奈に報告したところ、孝夫の正直な対応と反省に一定の理解を示して、山川弁護士からの提案に応じる、とのことであった。

こうして今回の事案は、示談で解決した。

示談書には、解決金として一五〇万円を受け取ったことと、定型的な清算条項に加えて、孝夫が今後、佳奈に関する投稿をしないことを誓約する旨の規定や「本件に関する事項について、みだりに第三者に口外しない。」との口外禁止条項と、今後、佳奈が孝夫に対して、本件に関する民事上、刑事上及び行政上のいかなる法的請求・法的手続を行わないことを誓約する旨が規定されていた。

（注1）正式には特定電気通信役務提供者の損害賠償責任の制限及び発信者情報の開示に関する法律（平成一三年法律第一三七号）という。

（注2）IPアドレスとは、ネットワークに接続する際、PCやスマートフォンといった機器に割り振られる番号を指す。

（注3）whois検索とは、IPアドレスやドメインについての管理者の名称、住所等の情報（whois情報）をデータベース化したシステムを用いての検索を指す。whois検索は、インターネット上で無料で行うことができる。

（注4）プロバイダ責任制限法八条参照。開示命令とは、発信者情報開示に係る審理を簡易迅速に行うことができるようにするため、従来の訴訟手続に加えて、決定手続により、コンテンツプロバイダ等に対して、その保有する発信者情報の開示を命ずることができることとしたものである。

（注5）プロバイダ責任制限法一五条参照。二段階の発信者情報の開示請求が必要であったこと（さらに、仮処分、訴訟と二つの法的手続が必要となってしまうことが少なくなかったこと）に伴って、コンテンツプロバイダとの法的手続中に経由プロバイダの保有する発信者情報が消去される恐れ、二つの法的手続における審理内容の重複といった課題が発生した。提供命令は、このような課題に対応するため、コンテンツプロバイダ等に対して、次の命令を可能としたものである。

①保有する発信者情報（IPアドレスやタイムスタンプ等）により特定される他の開示関係役務提供者（経由プロバイダがこれに当たると考えられる。）の氏名等の情報を申立人に提供すること

②申立人から、①でその氏名等を提供された他の開示関係役務提供者に開示命令を申し立てた旨の通知を受けた場合、保有する発信者情報を当該他の開示関係役務提供者に提供すること

なお、①によって、申立人は開示命令の申立ての相手方となる経由プロバイダを把握することができると考えられる。また、②によって、経由プロバイダは、開示命令の申立てに係る発信者情報の保有の有無の確認等が可能となる。

（注6）プロバイダ責任制限法一六条参照。消去禁止命令とは、開示命令事件の審理中に発信者情報が消去されることを防ぐため、開示命令の申立てに係る事件（異議の訴えが提起された場合にはその訴訟）が終了するまでの間、その保有する発信者情報の消去禁止を命ずることを可能としたものである。

（注7）肯定例として、東京高判平成二六年五月二八日・判時二二三三号一一三頁、東京高判平成三〇

年六月一三日・判時二四一八号三頁、否定例として、東京高判平成二六年九月九日・判例タイムズ一四一一号一七〇頁、知財高判平成三〇年四月二五日・判例時報二三八二号二四頁が挙げられる。

（注8） 侵害情報の送信との相当の関連性については、今後、裁判例の蓄積が待たれるが、権利侵害通信と時間的に最も近接する通信が想定される。

（注9） 発信者情報であって専ら侵害関連通信に係るものとして総務省令で定めるものをいう（プロバイダ責任制限法五条一項）。かかる総務省令に当たる施行規則三条によれば、①専ら侵害関連通信に係るIPアドレス及び組み合わされたポート番号、②専ら侵害関連通信に係る移動端末設備からのインターネット接続サービス利用者識別符号、③専ら侵害関連通信に係るSIM識別符号、④専ら侵害関連通信に係るSMS電話番号、⑤①ないし④に対応するタイムスタンプとされる。

（注10） 刑法上の名誉毀損は、具体的な事実の摘示や公然性（不特定又は多数人が認識できる状態をいう）が成立要件になるが、民事上の名誉毀損については事実の摘示が要件とされておらず、公然性も刑法にいう公然性と同程度のものである必要がないとされている。そのため、事実の摘示とはいえない意見論評的なものでも民事上の名誉毀損に該当する場合がある。

（注11） プロバイダ責任制限法五条一項三号イの要件は、「当該特定電気通信役務提供者が当該権利の侵害に係る特定発信者情報以外の発信者情報を保有していないと認めるとき」であるところ、ログインのためのメールアドレス又は電話番号を保有するインスタやTwitter等は、これには該当せず、プロバイダ責任制限法の第五条第一項第三号ロに該当すると考えられる。

（注12）裁判所のウェブサイトに申立書記載例が掲載されており、実務上参考になる。https://www.courts.go.jp/tokyo/saiban/minzi_section09/hassinnsya_kaiji/index.html

（注13）発信者の電話番号は、特定発信者情報以外の発信者情報に当たる。令和二年の総務省令改正によって、開示請求の対象となる発信者情報に「発信者の電話番号」が追加された。

なお、最二小判令和五年一月三〇日（裁判所ウェブサイト）は、特定電気通信による情報の流通によって自己の権利を侵害されたとする者は、当該権利の侵害が改正省令の施行前にされたものであったとしても、プロバイダ責任制限法四条一項に基づき、当該権利の侵害に係る発信者情報として、改正省令施行後に発信者の電話番号の開示を請求することができると判示する。

（注14）東京高判平成二七年五月二七日（判例集未登載）、東京高判令和二年一月二三日（判例タイムズ一四九〇号一〇九頁）、東京地判令和三年六月一〇日（裁判所ウェブサイト）等、多くの裁判例が発信者情報開示請求手続にかかる弁護士費用を発信者に対して請求できるとの判断を示している。

（注15）侮辱罪の法定刑の引上げに伴い、公訴時効も名誉毀損と同様、犯罪行為の終了時点から三年となった。告訴期間については、インターネット上の書込みが削除されるまでは被害が継続していることから犯罪行為が終了していないため、期間は進行しないとした大阪高判平成一六年四月二二日・判タ一一六九号三一六頁はあるものの、期間内に告訴を行うことが無難である。

（注16）プロバイダ責任制限法六条一項は、「開示関係役務提供者は、前条第一項又は第二項の規定による開示の請求を受けたときは、当該開示の請求に係る侵害情報の発信者と連絡することがで

きない場合その他特別の事情がある場合を除き、当該開示の請求に応じるかどうかについて当該発信者の意見（当該開示の請求に応じるべきでない旨の意見である場合には、その理由を含む。）を聴かなければならない。」と規定する。

〔大川　恒星〕

商法

「海上事故」

マリンスポーツ中の事故

「増川先生、マリンスポーツはお好きでしょうか？」

複雑な訴訟の尋問練習を終えて、週末に釣りに行くことばかりを考えていた増川弁護士にこう訊ねてきたのは、入所二年目の角田正彦弁護士だった。

「釣りは最近ハマり始めたところだけど、マリンスポーツは全くやったことがないね。どうしたんだい？」

「実は今、マリンスポーツ中に事故を起こしてしまった友人からの相談を受けているのですが、全く経験がないものですから、先生にご指導願えないかと思ったのです。」

「なんだ、そういうことだったか。私も以前海上事故の案件を少しやったことがあるという程度だけど、それでよければ喜んで一緒にやるよ。」

「ありがとうございます。では、概要をご説明させていただきます。」

角田弁護士によると、事案の概要は次のようなものであった。

会社員である高崎元也は、大学時代からマリンスポーツが大好きで、社会人になってからも週末に近畿近郊の海に出ては、サーフィンや水上スキーなどを楽しんでいた。昨年の夏のある日、元也は、叔父の高崎信成からボートを借り、須磨の海で水上スキーで遊んでいたが、偶然、同じように水上スキーで遊ぶグループと仲間になり、悪ふざけで、スピードを出しすぎたためにハンドル操作を誤り、自分が運転するボートをグループのボートに衝突させてしまい、その乗船者の瀧川一郎に入院加療六月の大怪我を負わせてしまった。

怪我の後遺症が残った瀧川は、元也を相手取って、損害賠償請求訴訟を提起してきたが、ボートの所有者名義人であり、かつ、信成が社長を務める「高崎スポーツ合同会社」も、共同被告とされていた。

信成は、事故当日、高崎スポーツ合同会社所有のボートを貸しただけで、現場には居合わせていなかったが、原告の請求は、船舶法附則三五条、商法六九〇条が一定の要件のもとで船舶所有者にも損害賠償責任を認めていることを根拠とするものだった。

信成が貸したボートは任意保険に加入していたものの、保険の支払限度額が低く、瀧川が主張する損害額を大きく下回る金額しか付保されていなかった。

元也は、スピードを出しすぎたことを認め、瀧川に対し賠償する意向はあるが、賠償額が一〇〇〇万円を超えるようなことになれば、一度に支払いをすることは難しい状況だった。さらに叔父の信成に迷惑がかかることだけは避けたいと考え、信成と共に角田弁護士のもとを訪れ、訴訟対応を依頼したのであった。

海上事故の証拠

角田弁護士の説明を聞き終えた増川弁護士は、次のように言った。

「なるほど。いくつか順を追って考えていく必要があるね。まず、元也さんは、スピードを出しすぎたことは認めているようだが、事故態様について瀧川さん側との主張の間に争いはないのかい。」

「はい、事故態様の主張にはだいぶ齟齬があります。元也さんは、スピードを多少出しすぎたのは確かですが、相手方のボートが煽るなど予想外の動きをして自分のボートにぶつかってきたと説明していました。ところが、瀧川さん側の訴状には、元也さんが暴走して衝突してきたと主張しています。過失相殺が問題となり得るので、それが重要な争点の一つだとは思っているのですが。」

「そのとおりだね。ただ、相手方が故意や重過失による事故であるかのように主張しているることを考えると、関係するポイントは過失相殺だけではないと思うよ。」と、増川弁護士が指摘した。

角田弁護士は、少し考えたあとつぶやいた。

「非免責債権の関係(注1)でしょうか。」

すると、増川弁護士は、目を細めながら、次のように続けた。

「さすがだね。いずれにせよ、事故態様については、依頼者がそこまでこだわっていなかったとしても、しっかりと証拠関係を精査した方が良いだろう。」

「大変よく分かりました。しかし増川先生、交通事故であれば刑事事件記録などを入手すれば、事故態様の証拠を集めることができますが、海上事故ではどのようにすれば良いのでしょうか。」

「海上事故であっても、同様に参考になる記録が残っていることがあるよ。海上であっても、過失によって他人に傷害を負わせれば刑事事件になるから、刑事事件記録は入手を試みるべきだろう。元也さんは、海上保安官から取調べを受けているというようなことを言っていませんでしたか。」

「そういえば、海上保安官から取調べを受けた後に、検察庁に呼ばれているようなことを言っていました。次の打合せで、詳しく話を聞いて、捜査の進捗状況などを確認してみます。」

「それが良いだろう。それから、海上事故の場合には、刑事手続とは別に、海難審判という手続が行われることもある。これは、職務上の故意又は過失によって海難を発生させた海技士若しくは小型船舶操縦士又は水先人に対する懲戒を行うための手続で、海難審判所が審判を担当している(注2)。事故態様に関する証拠価値としては、これよりも刑事事件記録の方が高いことが多いかもしれないが、海上事故は陸上よりも客観的な証拠が残っていないことも多い。水の上だから、事故の場所すら正確には特定しづらいこともある。そうなると当事者の供述が重要になってくる。その意味では海難審判所での供述内容が問題とされることもあるから、こちらも入手を試みるべきだね。」

「詳細にありがとうございます。では、入手の仕方も含めて、勉強も兼ねて一度調べてみたいと思います。」

商法六九〇条

角田弁護士が更に訊ねる。

「ところで増川先生、信成さんの会社である高崎スポーツの責任についてなのですが、商法六九〇条というのは初めて見た条文です。ボートを貸しただけの信成さんが、損害賠償責任を負わされてしまうとすると、かなり強力な効果を持つ規定のようですが。」

「そうだよね。私も海上事故の事件をやってみるまで全く知らなかった条文だよ。ちょっと一緒に見ていこうか。」

商法六九〇条は、「船舶所有者は、船長その他の船員がその職務を行うについて故意又は過失によって他人に加えた損害を賠償する責任を負う。」と定めている。本条は、民法七一五条の使用者責任の特則であり、船舶所有者が、被用者である船長や船員の起こした事故について、選任や監督に相当な注意を尽くした場合であっても免責されないという意味で無過失責任を定めたと考えられている。(注3)

角田弁護士がすかさずコメントする。

「使用者責任の特則なのですね。その関係でいえば、本件は、実質的には信成さんが甥の元也さんが遊びに使うために貸したというだけで、指揮命令関係や監督関係といったものはないので、所定の要件を欠いているという主張が成り立つ気がします。」

「良い指摘だね。確かに指揮命令関係や監督関係がない者が、『船長その他の船員』と呼べるかは疑問だし、また、職務関連性だって認められない、という主張は成り立ちうるだろうね。(注4)」

「分かりました。文献や裁判例を当たってみて、一度主張を組み立ててみたいと思います。」

「それが良いだろうね。」と、増川弁護士。

事件の行方

その後、主に角田弁護士が調査したところ、元也に対しては海難審判所により戒告の審判が下されていることが分かった。また、刑事事件の捜査もほぼ完了しており、検察官による元也の調べがなされた後、不起訴処分となった。事故の主な原因が相手方の過失によるものと判断されたようだ。そこで、これらの記録を民事訴訟での調査嘱託によって取り寄せたところ、事故状況については、実況見分調書の内容が元也の主張内容に概ね沿っており、瀧川の乗っていたボートも元也のボートを煽ったり、蛇行して走行するなどしていたことも分かった。

そこで、増川弁護士と角田弁護士は、民事訴訟において、元也の主張に沿った事故態様を主張し、それに基づき、元也の過失が軽過失であることや、瀧川側の過失による過失相殺を主張した。

さらに、高崎スポーツの責任についても、高崎スポーツと元也との間に何らかの指揮命令関係や監督関係がないこと、したがって、商法六九〇条の適用の前提を欠くこと、船長その他の船員や職務関連性といった要件も認められないこと等を主張し、関連する文献や裁判例も裁判所へ証拠として提出した。

瀧川側が争ったため、証人尋問にまで縺れ込んだ。

証人尋問終了後、裁判所が元也と高崎スポーツ側に有利な心証を開示したため、結局、元也が一〇〇万円を一括で支払い、高崎スポーツは一切支払いをしない形での和解が成立した。

（注1）破産法二五三条一項三号によれば、「破産者が故意又は重大な過失により加えた人の生命又は身体を害する不法行為に基づく損害賠償請求権」は、破産者に対する免責許可決定があったと

しても、責任を免れる対象にはならないとされている。このような、免責許可決定によっても責任を免れることのできない性質を持つ債権を、非免責債権とよぶ。自己破産することを検討している場合には、このような非免責債権に該当しうるようなものがないか、注意して検討することを要する。本件でも、仮に元也が故意又は重過失により瀧川に大怪我をさせたことが認められてしまえば、破産手続を経ても支払義務を免れない恐れが出てきてしまうため、訴訟手続内における事故態様の主張・立証は重要なポイントとなる。

（注2）海難審判法二条によれば、「海難」とは、「船舶の運用に関連した船舶又は船舶以外の施設の損傷」、「船舶の構造、設備又は運用に関連した人の死傷」、「船舶の安全又は運航の阻害」をいう。また、同法第三条によれば、海難審判所は、海難が、海技士若しくは小型船舶操縦士又は水先人の職務上の故意又は過失によって発生したものであるときは、裁決をもつてこれを懲戒しなければならないとしており、同法第四条によれば、その懲戒の種類は、免許取消し、業務停止、戒告の三種である。

（注3）例えば、小林登『新海商法〔増補版〕』（二〇二〇年、信山社）六二頁参照。

（注4）小林・前掲注（3）六八頁によれば、海商法一般にいう船員の意義及び範囲は、「海上企業主体たる船舶所有者または船舶賃借人の被用者として特定の船舶に乗り込み、継続的に船舶内の労務に服する者」であるとし、これを商法六九〇条にも当てはめて考えてよいか否かは解釈が分かれるとしている。

〔増山　健〕

会社法
「デューデリジェンス（DD）」

相談

ある日、河合穂香弁護士は顧問先のシンバホールディングス株式会社の新葉輝人社長から相談案件が持ち込まれた。

「先生、実は、先日、シンバホールディングスで、ある会社を買収したのですが、そのことで相談したく、お伺いしました。」と、新葉社長が切り出した。

「M&A(注1)を実施されたのですね。」

「M&Aを実施できたのはよかったのですが、そのことで、困ったことが起こったのです。購入した株式の会社に、実は決算書に記載されていなかった支払があり、対象会社がクロージング(注2)後に、三億円の損害を被るはめになったのです。」

「それは困りましたね。株式譲渡の内容について教えてもらえますか。また、本日、株式譲渡契約書はお持ちでしょうか。」と、河合弁護士が確認すると、新葉社長は株式譲渡契約書を提示しながら、

「買主はシンバホールディングス株式会社です。今回、菅田運輸株式会社の株式のすべての発行済株式を購入しました。便宜上、菅田運輸株式会社のことを対象会社と呼ぶこととします。売主は、対象会社の創業者一族の出身者であり、対象会社の社長でもあった、菅田元雄社長です。対象会社の株主は、菅田社長のみとなっていましたので、売主は一人だけです。」と言った。

「株式取得の対価はいくらですか。」

「株式譲渡契約書に記載のとおり、二三億円です。」

「二三億円の対価は、どのようにして決めたのでしょうか。」

「シンバホールディングスの取締役会で、株式譲渡に向けて進めることを決定してから、大手のＸ会計事務所に依頼して、対象会社のデューデリジェンス(注3)を実施することとしました。実は、Ｘ会計事務所から勧められたＹ法律事務所に法務デューデリジェンス、コンサル会社にビジネスデューデリジェンスを依頼して実施後、菅田社長と交渉を重ねました。その結果、株式の対価としては、対象会社の貸借対照表から算出された純資産額から若干

の減額をした、二三億円とすることとしました。」

新葉社長は思い出しながら答えた。

「分かりました。株式譲渡契約書では、どのようなことを定めたのですか。」

「対価やクロージング日、クロージングの前提条件、表明保証条項、(注4)補償条項(注5)など、株式譲渡契約書で一般的に定められる条項について交渉し、定めました。」

株式譲渡契約書

河合弁護士は、新葉社長が提示した株式譲渡契約書を確認することにした。

株式譲渡契約書には、売主は買主に対して、①対象会社の財務諸表が完全かつ正確であり、一般に承認された会計原則に従って作成されたこと、②簿外債務等が存在しないこと、③買主による対象会社の財務内容、業務内容その他対象会社の経営・財務に関する事前監査において、通常の株式譲渡契約において信義則上開示されるべき資料及び情報が漏れなく提示、開示されたこと及びそれらの資料及び情報は真実かつ正確なものであること等を内容とする表明保証条項が定められていることが確認できた。

ほかにも、売主が表明保証に違反したことに起因して買主が現実に被った損害、損失を

「デューデリジェンス（DD）」


補償するものとする旨の補償条項が定められていた。

「今回、どのような経緯で対象会社が三億円もの負担をすることになったのでしょうか。」

「M＆Aの実施後、しばらくの間は何も問題がなかったのですが、A会社から、三億円の支払はどうなっているのか、という連絡が突然あったのです。何のことか分からなったので、その会社にM＆Aを実施したこと等の事情を話し、内容を伺ったところ、実は、対象会社は、A会社との間で訴訟が係属していたこと、裁判の結果、対象会社がA会社に対し、解決金として三億円を支払う内容で和解をしていたことが発覚しました。」と、新葉社長は答えた。

「先ほど、デューデリジェンスを実施した、という話がありましたが、決算書等には計上されていなかったのでしょうか。」と、河合弁護士が訊ねた。

「対象会社の財務の担当者を問い詰めたところ、対象会社は、決算期における赤字決算を回避するため、訴訟損失引当金又は未払金の計上をしていなかったようです。対象会社の決算書にも、この点については何も注記されていませんでした。」と、新葉社長は答えた。

「例えば、デューデリジェンスでは、対象会社の経営陣や財務・人事の担当者等から、インタビューを実施したり、資料の開示や質問を行ったりして、調査を実施するのですが、その経緯の中でも和解債務の存在は発覚しなかったのでしょうか。」

「はい、きっちりと、各デューデリジェンス実施先には報酬を支払って、QAシート等のエクセル表等を用いて、調査を行っています。QAシートや当事者間のメールのやり取り等、資料が膨大ですので、準備には時間がかかりますが、こういった資料で、和解債務の存在を知らなかったことは明確にすることは可能だと思います。」

「分かりました。売主である菅田社長からは、何か問い合わせましたか。」

「それが、M&Aの実施後、引継ぎを終え、菅田社長は社長を退任したのですが、自分は知らぬ存ぜぬという態度で、何も事情を教えてもらえないのです。」

「社長としては、今回の三億円の損失について、どのような解決をお望みでしょうか。」

「株式取得した対象会社は、今後も、私どもで経営を続けていきたいと思います。ただ、三億円という損失については、売主である菅田社長から補填してもらいたいと思います。先生、具体的に、売主には、どのようにして請求することになるでしょうか。」と、新葉社長は訊ねた。

表明保証責任

「今回の場合は、契約（表明保証違反）に基づく補償請求をすることとなります。つまり、株式譲渡契約書では、①対象会社の財務諸表が完全かつ正確であり、一般に承認された会計原則に従って作成されたこと、②簿外債務等が存在しないこと、③買主による対象会社の財務内容、業務内容その他対象会社の経営・財務に関する事前監査において、通常の株式譲渡契約において信義則上開示されるべき資料及び情報が漏れなく提示、開示されたこと及びそれらの資料及び情報は真実かつ正確なものであること等を売主が表明保証していたにもかかわらず、実は、和解債務の存在があり、その存在は、決算書に注記されていなかったことを主張して、対象会社が被った三億円の損害の補償や損害賠償請求を求めることになります。」と、河合弁護士は説明した。

「具体的に、手続はどのようにして進めるのでしょうか。」

「訴訟を提起することもありますが、表明保証違反に基づく補償請求ないし損害賠償請求には、表明保証違反の事実の有無、要件の解釈（当事者間の主観・認識の考慮の有無、重大な違反に限定するか否か）、仮に重大な違反に限定されるであれば、違反の重大性があるのか、免責されないか否か、損害の範囲や消滅時効等の多数の争点やハードルがあります。デューデリジェンスに伴う資料も膨大にあり、確認・検討するにも時間がかかることになります。まずは、争点を絞るという意味で、当事者間で交渉を行い、売主側の反論を確認するのはいかがでしょうか。また、交渉で話がつく可能性もあり、その場合は、時間や労力、費用の削減にもなり得るかと思います。」

「対象会社の経営を進めるためにも、時間がかかるのはあまり本意ではありませんので、交渉で進めてください。」

そう言って、新葉社長を頭を下げた。

菅田社長との協議

河合弁護士は、早速、菅田社長宛に補償請求及び損害賠償請求をする旨の内容証明郵便を発送した。すると、菅田社長の代理を受けた藤原勝弁護士から連絡があり、双方協議をすることとなった。

「内容証明郵便を拝見し、菅田社長にも事情を確認しました。菅田社長としては、シンバホールディングスに対し、デューデリジェンスを開始する前に、訴訟のことは説明したと聞いております。そのため、シンバホールディングスには、和解債務の存在について、悪意あるいは重過失があったと認められると考えております。」と藤原弁護士が主張した。

「シンバホールディングスの悪意あるいは重過失について証拠はあるのでしょうか。菅田社長はシンバホールディングスに対し、訴訟が係属していたことを説明したとのことです

「デューデリジェンス（ＤＤ）」

が、新葉社長からは、そのような説明は一切なく、デューデリジェンスでも情報の開示を受けなかったと聞いております。菅田社長は、新葉社長に対し、どのようにして伝えたとおっしゃっているのでしょうか。」と、河合弁護士が訊ねた。

「現在、調査中です。何しろ、資料が膨大にありますので、正直なところ、すぐには確認できないかと思います。」と、藤原弁護士が答えた。

「分かりました。当方も、まだ、資料については膨大ですので確認できていません。お互いに次回までに確認するようにしましょう。菅田社長サイドとしては、補償請求及び損害賠償請求には一切応じないということになるでしょうか。」と、河合弁護士が確認した。

「当方の立場としては、シンバホールディングスに悪意あるいは重過失があったと考えておりますが、一切の支払いを拒否するものではありません。双方が納得した条件であれば、いくらかの解決金をお支払することを考えています。この点も、次回までに検討して回答したいと思います。」と、藤原弁護士が答え、双方、次回までに検討を行うこととなった。

資料の分析・検討

河合弁護士は、新葉社長から、シンバホールディングス側と対象会社及び菅田社長との間でなされたメールのやり取り、デューデリジェンスの過程で開示された資料、QAシート、インタビューの議事録等のすべての資料を提出してもらって確認したが、対象会社及び菅田社長からシンバホールディングスに訴訟及び和解債務の存在を説明した資料は一切見当たらなかった。これを踏まえ、河合弁護士は、新葉社長と相談の上、次回の協議に当たっては、三億円に近い金額での和解を希望する対応を取ることにした。

再度の協議

河合弁護士は、藤原弁護士と面談し、次のとおり切り出した。

「当方でデューデリジェンス及びM&Aに至るまでのすべての資料やメールを確認しましたが、特に、菅田社長がシンバホールディングスに、訴訟及び和解債務の存在について説明した資料は見当たりませんでした。むしろ、QAシート及びインタビューにおいて、対象会社には訴訟等の法的紛争は一切ないとの回答まで受けていることが確認されました。したがって、やはり、当方には、悪意及び重過失などなかったと考えています。菅田社長側で確認された結果はいかがでしょうか。」

「当方でも確認しましたが、資料は確認されませんでした。菅田社長と相談し、菅田社長からは、大事なことをしっかりお伝えせず、申し訳なかったと伝えてほしいと言われています。今回、損害を与えたことを踏まえ、菅田社長からは、二億七〇〇〇万円をお支払したいと言われています。」

このようにして、最終的に、二億七〇〇〇万円を菅田社長がシンバホールディングスに対し、支払う内容で和解することとなった。

契約上の工夫

「先生、ありがとうございました。膨大な資料を検討してくださったおかげで、売主にも十分に反論することができました。それにしても、デューデリジェンスで伝えなかったために、売主が膨大な損害を負担することになることを考えると、いかに情報開示が重要な手続なのかがよく分かりました。」

新葉社長は、感想を述べて河合弁護士に謝意を表した。

「そうですね、情報の開示によっては、株式譲渡の対価等に大きく影響しますので、売主の立場では、デューデリジェンスで重要な情報は漏れなく開示することが重要だと思います。どの情報が重要なのかどうか見極めることも非常に大切になりますね。」と、河合弁護士が言った。

「今回、三億円の損害が発生し、売主に対し補償請求をしなければならない事態となりましたが、次回からの注意点として、どのようなことに気を付ければよいでしょうか。」と、新葉社長が訊ねた。

「いい質問ですね。例えば、クロージング後も、売主である対象会社の社長に、役員として、留任してもらい、退任後、給与や退職慰労金を支払うということが考えられます。つまり、売主としては、留任期間中に問題が発覚した場合、事実上説明逃れができなくなることとなります。あるいは、譲渡価格の一部をクロージングから一定期間後に支払うとすることで、仮に残額の支払いまでに補償義務が生じていることが判明すれば、残額と補償金額との相殺によって、補償義務の履行を確保することも可能となります。」

「なるほど、役員の退任時期によっては、事実上の抑止力になることもあるのですね。今回のことで私も勉強になりました。」

(注1) M&Aとは、Mergers and Acquisitionsの略である。直訳は、合併と買収となる。実務上、支配権に影響を与えるような大規模な資本提携であることが一般的である。買い手にとっては、新規事業を立ち上げて軌道に乗るまでに要する時間や投資を削減（既に実績のある事業を取得する）ことができる一方で、売り手にとっては、会社を清算するよりも大きな手取り金額を得ることができたり、後継者不足の問題を解消することができたりする。

M&Aの手段としては、株式譲渡、事業譲渡、合併、会社分割、株式交換、株式移転が挙げられるが、実際は株式譲渡が多い。ケースによっては、新設分割後に株式を売却する等の複数のパターンを利用する方法、特定目的会社（SPC）を設立する等新たに会社を設立することもある。

(注2) 契約上合意されたクロージング日に、クロージングの前提条件を充足していること、あるいは当事者が放棄したことを確認した上で、買主は売主に対し対価を支払い、売主は支払いと引換えに買主に対して株式を譲渡する。

(注3) デューデリジェンス（Due Diligence）とは、実務上、買主あるいは買主候補が買収の対象となる会社の問題点を調査・検討する手続を指すことが多い。

その中でも、法務デューデリジェンスでは、主に、①対象会社にM&A取引実行の重大な障害となる法的な問題はないか、②対象会社の価値に影響を及ぼす法的な問題はないか、③買主が留意すべき対象会社の法的な問題はないか、④その他、M&Aに際して必要な法的手続はあるかについて、調査されることとなる。

なお、調査・検討対象となる問題点は法律上の問題に限られるものではない。財務デューデリジェンス（公認会計士や監査法人）、税務デューデリジェンス（税理士や税理士法人）、ビジネスデューデリジェンス（買主自身やコンサル会社）、環境デューデリジェンス（環境コンサルタント）、不動産デューデリジェンス（不動産鑑定士や建築士等）など、対象会社の事業内容等に応じて、デューデリジェンスが実施されている。

（注4）表明保証とは、株式譲渡契約等の各当事者が、一定の事項が真実かつ正確であることを相手方に対して表明し、保証するものである。英米法における「Representations and Warran-ties」を日本に持ち込んだ概念であり、その法的性質が問題となることがある。

例えば、債務不履行に基づく損害賠償請求が近接する概念として挙げられるが、株式譲渡契約の当事者の意図する表明保証の概念とは必ずしも一致しないと考えられ、見解によっては、当事者間の特別な合意としての「損害担保契約」と解するものも存在している（藤原総一郎編『M&Aの契約実務〔第二版〕』（二〇二〇年、中央経済社）一六〇頁以下参照）。

（注5）補償とは、当事者に表明保証違反及びその他の義務違反があった場合に、当該違反により生じた損害を填補等する旨の合意である。株式譲渡契約においては、補償義務の範囲・期間・補償の方法などについて、案件ごとに合意することが多い。

（注6）東京地判平成一八年一月一七日・判例タイムズ一二三〇号二〇六頁は、「原告が、本件株式譲渡契約締結時において、わずかの注意を払いさえすれば、本件和解債権処理を発見し、被告らが本件表明保証を行った事項に関して違反していることを知り得たにもかかわらず、漫然これに気付かないままに本件株式譲渡契約を締結した場合、すなわち、原告が被告らが本件表明保証を行った事項に関して違反していることについて善意であることが原告の重大な過失に基づ

くと認められる場合には、公平の見地に照らし、悪意の場合と同視し、被告らは本件表明保証責任を免れると解する余地があるというべきである。」と判示する。

〔河原　理香〕

「デューデリジェンス（ＤＤ）」

第二部

労働編

労働契約法(1)

「従業員のメンタルヘルス」

人事部からの相談

ある朝、堀山弁護士に、矢田染料株式会社の大内孝義人事部長から、次のようなメールが届いた。

「最近になって、弊社営業部の営業第一課係長の蒲原洋一の問題行動が目立つようになりました。具体的には、遅刻・無断欠勤、上司・取引先への粗雑な対応などです。今後、どのように対処すべきか、ご相談させて下さい。できましたら、今週中に、事務所にお伺いできればと思います。」

矢田染料は、一九五〇年設立、従業員二〇〇名、年商八〇億円の中小企業で、主に染料の製造・販売を行っている。柳生弁護士の古くからの顧問先で、労働相談については、堀山弁護士が弁護士五年目の頃から対応しており、大内人事部長とは既に三年以上の付き合いである。

一般的に、労働事件を取り扱う弁護士は使用者側と労働者側に分かれる。堀山弁護士は、専ら使用者側の弁護士として労働事件に取り組んでいる。「労働者の敵」という誤ったイメージが持たれていることもあるが、そんなことはない。確かに、使用者側弁護士は、法的紛争に発展した事案では、依頼企業の利益のために最善を尽くす結果、反対当事者である労働者にとって不利な弁護活動となる一面もあるが、例えば「今すぐ、あの社員をクビにしたい」といきり立つ中小企業の社長を説得し、違法な解雇を思いとどまらせれば、労使にとってWin-Winの解決に導くことができる。このような紛争の「事前予防」も使用者側弁護士の役割であり、紛争後に対応する労働者側の弁護士との違いは大きい。

堀山弁護士は、目まぐるしく変化する、法令、行政通達、ガイドライン、裁判例等の最新情報を常にアップデートしながら、企業の人事担当者と協同で、企業とそこで働く従業員の特性を踏まえ、個々の紛争の発生を防ぐ仕事にやりがいを感じていた。

打合せ

堀山弁護士は、大内人事部長と日程調整の上、淀屋総合法律事務所で打合せを行うことになった。

大内人事部長には、いつものように、就業規則のほか、営業第一課の蒲原係長の雇用契約書、賃金台帳、勤務簿、人事記録、入社時の履歴書といった基本的な資料に加えて、関連資料を、打合せに先立ってメールで共有するようお願いした。

入社時の履歴書については、学歴・職歴、免許・資格、志望動機、趣味・特技の記載等から、背景事情の理解が進み、また、紛争予防につながる情報が得られることもある。例えば、短期間で転職を繰り返している従業員であれば、その企業での雇用継続を望んでいないこともある、といった具合である。

会社の初動対応

「営業第一課の蒲原係長の問題行動が目立つようになったのは、いつからですか。」と、堀山弁護士は、大内人事部長に訊ねた。

「はい、蒲原係長は、三年ほど前に、当社に中途で入社した社員です。他社での営業経験を買われて、入社以来、営業部の営業第一課に所属し、現在は、得意先企業の訪問が主な仕事です。これまで特に問題はなかったのですが、ちょうど一か月前から、遅刻・無断欠勤をするようになり、上司が訪問時の状況を報告するよう求めてもそれを無視したり、複数の取引先から、『蒲原係長さんはきちんと対応してくれない。』などとクレームが入ったりするようになりました。」

入社時の履歴書に目を落としながら、堀山弁護士が質問する。

「他社での営業経験が豊富なようですね。また、高校・大学と野球部でキャプテンをしていたスポーツマンでもあるのですね。蒲原係長の問題行動を受けて、どうされたのですか。」

「はい。営業部長からの報告を受けて、すぐに営業部と連携を取りながら、人事部からの指示で、まずは、営業部の直属の上司である営業第一課長が面談を行い、注意指導を行ったのですが、一向に改善されません。」と、一連の経過を時系列でまとめた資料を示しながら、大内人事部長が説明した。

従業員の問題行動があった場合には、まずは、それについて、いつ、どこで、誰が、何を、なぜ、どのようにを明確にして記録化することが重要である。面談・注意指導の内容、その後の経過についても記録化すべきである。改めて堀山弁護士が助言する必要がないほど、矢田染料人事部での初動対応は徹底されている。適切に記録化しなければ、その後の対応に備えることはできないし、また、万一、紛争となり、裁判に発展すれば、この時の記録が裁判の証拠にもなる。

「複数の取引先からのクレームが入っているとのことですが、蒲原係長の配置転換は検討されましたか。」

「はい。取引先にこれ以上の迷惑を掛けるわけにはいかないので、蒲原係長には、当面の措置として、今週から、社内で営業資料を整理して貰っています。上司の営業第一課長から説明をし、蒲原係長はひとまず納得してくれています。しかし、依然として体調は優れないようです。」

メンタルヘルス

堀山弁護士は訊ねた。

「いつまでも、この状態を続けるわけにはいきませんね。最近、他社からもこのようなご相談は多いのですが、従業員の問題行動の背景には、メンタルヘルス不調が原因となっている場合がしばしばあります。例えば、うつ状態にあれば、心身に不調を来たし、気力が湧かず、遅刻や無断欠勤につながったり、あるいは、仕事に集中できずにミスを繰り返したりすることがあります。長時間労働でストレスがたまるなど、就労環境が従業員のメンタルヘルス不調を招くことがありますが、蒲原係長の勤務簿を見る限り、残業はほとんどありませんね。上司や同僚、あるいは、取引先とのトラブルがある、といったことはありますか。」

矢田染料は、約一〇年前に、労働基準監督署からの指導によりタイムカードを導入しており、その後、堀山弁護士や顧問社労士からの助言もあって、今では、タイムカード打刻後のサービス残業はなく、適切に労働時間管理が行われている。

「人事部が主導で、上司や同僚にヒアリングを実施しましたが、社内でパワハラ等の問題はないようです。また、蒲原係長の取引先を引き継いだ社員から話を聞いたところ、取引先のクレームの内容も、『蒲原係長の覇気がない』『お願いしたことを忘れている』といった具合で、どうやら取引先が無茶な要求しているわけでもないようです。少なくとも、堀山先生が先月の社内研修でテーマにされた『カスタマーハラスメント(注1)』のような事象も見られません。」

「すると、蒲原係長は、家庭内で何かを問題を抱えているのでしょうか。」

「はい。上司によれば、蒲原係長との面談時に、『半年前から、妻と別居して、子どもともずっと会えておらず、妻が雇った弁護士との間で離婚協議を行っており、ここ最近は、不安で眠れない』と述べていたようです。資料の三頁をご覧ください。あくまでも噂ですが、どうやら、蒲原係長の風俗通いが奥さんにばれてしまい、奥さんの逆鱗に触れてしまったようです。」

「労働災害の可能性もゼロではないため、安易な決めつけはいけませんが、どうやら、家庭内の問題でメンタルヘルス不調に陥っている可能性がありますね。現状、蒲原係長から、診断書は提出されていませんよね。」

「はい。」と、大内人事部長が答える。


業務上の理由によりメンタルヘルス不調、精神疾患となった場合には、精神障害の労働災害の可能性があることから、安易な決めつけは企業にとって致命傷となる。(注2)

産業医

「確か、人事部では、蒲原係長との面談をまだ行っていないとのことでしたね。取り急ぎ、蒲原係長の様子を産業医に情報共有して、産業医において、精神疾患の疑いがあるとの判断であれば、人事部でも、至急、蒲原係長と人事面談を行い、詳しく話を聞いた上、病院への受診を勧めるか、あるいは、人事面談で、産業医面談を蒲原係長に提案して、産業医から病院への受診を提案して貰うことも考えられます。」と、堀山弁護士が提案し、引き続き次のように付け加えた。

「今申し上げた点についても、産業医と事前に相談なさって下さいね。蒲原係長から、診断書が提出されれば、その内容に応じて、就業規則に従い、欠勤、休職なりの対応を行うことになります。いずれにせよ、今後の面談や注意指導については、蒲原係長のストレスになり、また、蒲原係長の過剰反応を誘発して、それがトラブルのきっかけにもなりますので、言葉遣いにはくれぐれも気を付けて下さい。人事部から営業部の部長・上司にもその旨をお伝え下さい。蒲原係長との面談の結果については、後日、教えて下さい。」

受診勧告の拒否

大内人事部長との打合せから一週間後の夕方、堀山弁護士の直通電話が鳴った。

「先生、大変です。この間、先生の助言に従い、二回、人事面談を行い、事前に産業医とも相談し、精神疾患の疑いがあるとのことでしたので、蒲原係長に病院への受診を勧めたのですが、本人は、『病気ではない』との一点張りで、『早く営業の仕事に戻して欲しい』と泣きながら訴えてきました。産業医面談についても提案してみたのですが、本人にその気はありません。社内での営業資料の整理にもうんざりしてしまったようで、この間、『もう辞めたい』と同僚に泣き言を言い、トレイに行ってはなかなか帰って来ず、無断欠勤は見られないものの、二日前には三〇分も遅刻してきて、遅刻の理由を尋ねても『寝坊です』と述べるだけで反省した様子も見られません。蒲原係長の異常な様子に、営業部内の雰囲気も悪くなっています。どうすれば良いでしょうか。」と、慌てた様子で大内人事部長が訴えた。

「受診命令や、当面の間、自宅待機命令を行うなどの措置が考えられます。週明けの月曜日は福岡に出張していますが、ウェブ会議であれば、打合せも可能です。週末に今後のアクションについて私の方で整理しておきます。」と、堀山弁護士は返事した。

受診命令と自宅待機命令

週明け月曜日、堀山弁護士は、出張先のホテルの一室で大内人事部長とのウェブ会議を始めた。

「就業規則の第一〇条を見て下さい。第一項に、『会社は、社員の勤務状況等を踏まえて、社員が心身又は精神上の疾患にり患していることが疑われる場合、社員の安全確保や職場規律の維持のため、会社の指定する医療機関等の受診を命じることができる。』と規定されています。このような定めがないと、そもそも受診命令の可否が問題となるのですが(注3)、三年前に、顧問社労士の八木先生と協力して、御社の就業規則を改訂していて良かったです。産業医の助言や、蒲原係長の様子をお伺いする限り、蒲原係長は、メンタルヘルス不調で、精神疾患にり患していることが疑われます。蒲原係長の安全確保のためにも、蒲原係長に対して、貴社名義の文書で、受診命令を下しましょう。先週末に受診命令書もドラフトしました。あとでワードデータをお送りします。」と「受診命令書」のドラフトをZoomで画面共有しながら、堀山弁護士は説明する。

令和四年四月一五日

営業部営業第一課
蒲原洋一殿

矢田染料株式会社
人事部長　大内孝義

受診命令書

貴殿におかれましては、令和四年三月五日以降、上司からの注意指導を受けてもなお、無断欠勤や遅刻が続いており、その他、勤務態度にも問題があったため、貴殿に説明の上、いったんご担当の営業職を外れて貰っています。しかし、直近でも遅刻があるなど、改善傾向が見られません。貴殿の健康状態について産業医と相談したところ、産業医から、専門医の診断を受けるのが適当であるとの助言を受けたため、先日の二度の人事面談では、専門医の診断を勧めましたが、貴殿は拒否されました。一方で、当社としては、貴殿の安全確保や職場規律の維持のため、看過することができない事態であると判断しています。

つきましては、当社は、貴殿に対して、令和四年五月一五日までに、下記の医師を受診し、診断書を提出するよう、命令いたします。

記

小石総合病院心療内科　大石力夫医師

「お忙しいところ、休日対応、ありがとうございます。」

そう言って、大内人事部長はドラフトを見て少し安堵した表情になった。

「さらに、これから受診命令を出して、実際に蒲原係長が医師の診断を受けるまでの間、少し時間がかかるように思います。これ以上、蒲原係長の出勤を続けさせても、更なる体調の悪化や周囲の社員への支障が懸念されますので、あわせて自宅待機命令を行いましょう。」と、堀山弁護士がアドバイスする。

「その間の賃金を支払う必要はあるのですか。」

「現状、専門医の診断がありませんので、極端に言えば、会社の都合で自宅待機を命じるわけです。そのため、賃金は全額支払って下さい。」

「分かりました。ところで、蒲原係長が受診命令書を受けても、医師の診断を拒否した場合にはどうなるのでしょうか。会社の命令に違反したわけですから、解雇で良いのでしょうか。」と、大内人事部長が確認した。

「慌ててはいけません。確かに業務命令違反ではあるのですか、少なくとも、いきなりの解雇は、違法・無効になってしまうリスクが極めて高いので、止めましょう。受診命令の違反だけを捉えて懲戒処分をすることも実務的には少ないと思います。医師の診断がない以上、問題行動が目立つ不良社員として対応することになります。したがって、出社させた上で勤務して貰い、問題行動があれば、これまでと同様、注意指導を行います。業務については、内勤業務への配置転換も考えられます。また、出社に応じないのであれば、繰り返し出社命令を行うことになります。このような対応にもかかわらず、問題行動が改善しないのであれば、まずは、減給等の比較的軽微な懲戒処分を行うなど、段階的な対応を行うべきです。とはいえ、それでもやはり、精神疾患が疑われるわけですから、その間も、再度、受診命令を行った上、粘り強く病院の受診を促すことも重要です。これらの経過をたどって、問題行動が一向に改善せず、再度の受診命令・勧告も頑なに拒絶するようであれば、最終的には解雇も選択肢となるでしょう。」と、堀山弁護士が丁寧に説明した。

「なんだか気が遠くなるような話ですね。」

「とにかく適切なプロセスを踏むことが予防法務の観点からは重要です。会社としては、これだけ労働者に配慮して対応を尽くしたのだと、あとで言えるような状態にしなければなりません。」

欠勤と職場復帰

その後数か月経過したころ、淀屋総合法律事務所を訊ねた大内人事部長から、堀山弁護士に次のような報告があった。

受診命令書を受け取った蒲原係長は、ようやく事態を重く捉えて、医師の診断を受け、蒲原係長から人事部宛に診断書が提出された。

そこには、病名は「うつ」で、「家庭内のトラブルが原因である。」「一か月の自宅療養で安静にすべき。」と記載されていた。

人事部は、蒲原係長に対し、この一か月間、有給休暇の消化で対応することになった旨説明した。

その後、一か月ごとに、蒲原係長から同様の診断書が提出されて、有休消化後の欠勤がいよいよ三か月を経過しようとしたところ、(注4) 蒲原係長から復職の申し出があった。提出された診断書にも、うつが治癒した旨が記載されていた。

仄聞するに、妻との離婚問題について進展があったようで、ようやく蒲原係長の私生活も落ち着いたようである。

医師の診断書にも、うつの原因となった家庭内のトラブルが解決したため、本人の不安要因がなくなった旨が記載されていた。そして、産業医面談を行った産業医からも「問題なし」との意見が得られたため、人事面談を経て、復職に向けて調整を行い、蒲原係長は、一か月ほど前に職場に復帰した。

今では、以前の問題行動が嘘のように、蒲原係長は、日々、精力的に取引先を訪問しているという。

引き続き、大内人事部長は、堀山弁護士に丁寧にお礼を言った。

「欠勤が三か月を経過すると、就業規則に従って最大半年の休職となるはずでしたが、今回は、それに至ることなく、無事に解決しました。迅速にご対応いただき、ありがとうございました。」

「そうですね。おっしゃるとおり、休職となれば、休職期間中の従業員への対応や、休職期間満了時の復職可否の判断など、これまた実務上難しい問題があります。来月の社内研修は、これをテーマに講演しましょうか。」

「ぜひ、お願いします。」

こうして、また一つの事件が解決した。

（注1） 現時点では、カスタマーハラスメントを定義した法令はないが、令和二年六月一日より、パワハラ防止措置を事業主に義務付ける法改正（労働施策の総合的な推進並びに労働者の雇用の安定及び職業生活の充実等に関する法律三〇条の二の新設。中小企業は令和四年四月一日より義務化）に伴い発表された「事業主が職場における優越的な関係を背景とした言動に起因する問題に関して雇用管理上講ずべき措置等についての指針」（令和二年厚生労働省告示第五号）、いわゆるパワハラ指針では、カスタマーハラスメントを「顧客等からの著しい迷惑行為（暴行、脅迫、ひどい暴言、著しく不当な要求等）」と定義し、これにより、その雇用する労働者が就業環境を害されることのないよう、事業主において雇用管理上の配慮として一定の取組を行うことが望ましいとされている。その後、厚生労働省が令和四年二月に発表した「カスタマーハラスメント対策企業マニュアル」では、商品やサービスの改善を求める、顧客からの正当なクレームと区別して、カスタマーハラスメントを定義する試みが行われている。そこでは、カスタマーハラスメントとは、「顧客等からのクレーム・言動のうち、当該クレーム・言動の要求の内容の妥当性に照らして、当該要求を実現するための手段・態様が社会通念上不相当なものであって、当該手段・態様により、労働者の就労環境が害されるもの」と定義されている。

（注2） うつ病により患した従業員が会社の休職制度に沿って休職し、休職期間満了で解雇となった東芝事件（最二小判平成二六年三月二四日・労働判例一〇九四号二二頁）では、業務上の理由でうつ病にり患したとして、解雇は無効となった。労働基準法一九条一項本文は、「使用者は、労働者が業務上負傷し、又は疾病にかかり療養のために休業する期間及びその後三〇日間……は、解雇してはならない。」と定めており、労災であれば、原則、解雇はできない。

（注3） 電電公社帯広局事件（最小一判昭和六一年三月一三日・労働判例四七〇号六頁）では、頸肩腕症候群の総合精密検査受診命令の効力等が争われたところ、就業規則に受診命令に関する定めがある場合には、受診を命じる合理的かつ相当な理由があれば、労働者に対して専門医への受診を命じることができるとされた。一方で、就業規則に受診命令に関する定めがない場合にも、労働者に対して使用者が専門医への受診を求めることは、「労使間における信義則ないし公平の観念に照らし合理的かつ相当な理由のある措置であるから、就業規則等にその定めがないとしても指定医の受診を指示することができ、……これに応じる義務がある」と判断したものがある（京セラ事件・東京高判昭和六一年一一月一三日・労働判例四八七号六六頁）。他にも就業規則に受診命令に関する定めがなかった事例として、空港グランドサービス・日航事件・東京地判平成三年三月二二日・労働判例五八六号一九頁（使用者は安全配慮義務を尽くす必要上、労働者に対して使用者の指定する医師を受診することを指示できると判断した。）や、大建工業事件・大阪地決平成一五年四月一六日・労働判例八四九号三五頁（使用者は労働者の就労の可否を判断するために医師の受診を指示することが可能であると判断した。）が存在する。

（注4） 欠勤中は、ノーワークノーペイで、賃金が支給されないのが原則である。有給の欠勤制度を定める会社もあるが、実務的には、原則どおり、欠勤中は賃金を支給しない会社が多数である。その場合、従業員は、傷病手当金の申請を行う。傷病手当金の申請に協力するのもまた事業主（人事部）の仕事である。

〔大川　恒星〕

労働契約法(2)

「無期転換と定年」

無期転換

堀山浩之弁護士は、株式会社ウォーターズの神田輝彦社長から、従業員の有期労働契約から無期労働契約への転換（以下「無期転換」という）に関する相談に対応した。

労働契約法一八条一項で、有期雇用契約が更新されて通算の契約期間が五年を超える労働者は無期労働契約締結の申込権（以下「無期転換申込権」という）を行使すれば無期転換が認められることを規定している。(注1)同条は平成二四年の法改正で新たに設けられた。有期労働契約を反復更新して労働者を長期的に継続雇用するという有期労働契約の濫用的な利用を防ぎ、有期雇用労働者の雇用の安定を図ることが目的である。(注2)

株式会社ウォーターズは、自治体から水道メータの検針業務や交換などの業務を受託する中小企業。

堀山弁護士は、事前に神田社長から従業員の雇用契約書をメール送付してもらって内容を確認していた。従業員の名は山口一平という契約社員だった。

相談当日、淀屋総合法律事務所の応接室で、堀山弁護士は神田社長と名刺交換した。

神田社長は次のように切り出した。

「早速ですが、先日お送りした雇用契約書のとおり一年契約で雇用している契約社員の山口に問題行動が多かったので、昨年の契約更新時、雇用契約書に『次回は更新しない』との条項を入れていました。ところが、先日、『無期転換申込権を行使する』という書面を提出してきました。労基署に相談に行ったところ、無期転換申込権は労働者の権利なので拒否できないと言われたのですが、何か先生のほうでお知恵がないかと思いまして、ご相談させていただいた次第です。」

堀山弁護士は訊ねた。

「雇用契約書によると、山口さんには『契約社員就業規則』が適用されるようですが、就業規則自体はありますか？」

「はい、あります。就業規則四条で『雇用期間は雇用契約書に定める』と書いていますので、雇用契約期間が満了すれば雇用は終わるものだと思っていたのですが。」と言って神田社長は就業規則を差し出した。

「まず、無期転換申込権は、労基署も言うとおり、労働者の権利として認められているものです。簡単に言うと、有期雇用契約を締結していても、通算勤続が五年を超えると、労働者は無期転換申込権を行使することができます。無期転換申込権が行使されると、無期雇用契約に転換され、雇い続けなければなりません」と、堀山弁護士が解説した。

「しかし、当社は正社員就業規則で定年を満六〇歳の誕生日と定めていて、山口は既に六四歳です。定年を超えている以上、無期転換してもすぐやめてもらうわけにはいかないのでしょうか。」

「確かに正社員の定年が満六〇歳と定められているようですが、契約社員就業規則には定年の定めがありません。無期転換をしても、正社員になるわけではないので正社員就業規則が適用されるわけではないのですよ。」

神田社長は顔を曇らせながら言った。

「そうすると、このまま山口をずっと雇い続けなければならない、ということですね。なんとかならないでしょうか。」

堀山弁護士は訊ねた。

「山口さんの場合、具体的にはどういう点に問題があるのでしょうか。」

「非常に勤務態度が悪く、お客様からのクレームが多いです。上司や同僚に対しても高圧的で、注意指導をされると大声で言い返すといったこともあります。山口に対して委縮してしまって注意指導もできていない状況です。それに業務時間中に電話してもつながらないことが多く、おそらくどこかでサボっているのだと思います。」

就業規則の改定案

「解雇も考えなければなりませんが、無期転換申込権行使された直後のタイミングなので、解雇が無期転換申込権行使に対する報復だなどと言われるリスクもあります。有期雇用契約を解除しても、無期転換後の無期雇用契約まで当然に解除されるわけでもないので、解雇だけでは処理ができませんね。いずれにせよ紛争化は覚悟しなければなりませんが、契約社員就業規則に、無期転換社員の定年の定めを今から設けて、その定めに沿って定年で辞めてもらう、という対応もする必要があると思います。」と、堀山弁護士が一つ対策を提案した。

「定年制度を今から入れるなんてことは可能なのでしょうか。」

「もちろん、今から入れても、争われて後から無効だと評価されるリスクはあります。しかし、このまま無期転換されるのを黙ってみておくというわけにもいかないでしょうから、リスク覚悟の上で、そういう対応をすることはあり得ると思います。因みに、今の有期雇用契約の満了日と、山口さんが六五歳になるのはいつですか？」

「契約満了日は令和四年六月末ですので、あと一か月半ほどです。山口の誕生日は七月二〇日です。」

「では、契約満了日までにまず就業規則を改定しましょう。既に無期転換申込権を行使されて無期雇用契約自体は成立しているので、就業規則の不利益変更ということになります。山口さんが同意するとは到底思えませんが、ほかの契約社員を含め事前に説明するなどして不利益変更の合理性を少しでも基礎づけられるようにしておきましょう。」

数日後、堀山弁護士は、㈱ウォーターズの契約社員就業規則について次のような無期転換申込権の行使に関する規定案を作成し、神田社長にメール送信した。


（無期転換社員の定年）

第二七条
① 無期転換社員の定年は、次の通りとする。
一 満六〇歳になる前に無期転換社員に転換した場合　満六〇歳の誕生日

二　満六〇歳から満六五歳までに無期転換社員に転換した場合　満六五歳の誕生日

② 定年に達した無期転換社員は、定年に達した日をもって退職する。

神田社長からメールの返信があった。

「早速ありがとうございました。内容に異存ありません。つきましては早速、従業員への説明を行いたいと思います。お手数ですが先生にもご同席いただければと思います。」

説明会に向けて、堀山弁護士は神田社長と打合せをした。

「従業員への説明もそうですが、労基法八九条、九〇条に基づき就業規則変更については従業員の過半数代表の意見書を付けて労基署に提出する必要があります。過半数代表は全従業員が分母となり、民主的な方法で選ぶ必要がありますが、立候補していただけそうな方はいるでしょうか？(注3)」

「いつも私から古株の従業員にお願いして署名してもらっていましたが、それではだめなんでしょうか。」

「実態として会社が指名するケースは確かに多いですが、それだと労基法違反になりますし、就業規則変更が無効だと主張する根拠を相手に与えることになってしまいます。紛争可能性がある以上いつも以上に慎重に対応したほうがよいです。」

「分かりました。何時もお願いしていた社員に立候補してもらえないか、聞いてみます。因みに民主的な方法というのはどういった方法でしょうか。」

「投票や挙手、労働者の話合いや持ち回り決議などで、全従業員の過半数を取ってもらう必要があります。本件は紛争可能性もありますので、できれば投票など客観的に記録が残るほうが良いと思いますね。説明会の日程と場所ですが、六月末の改定となると遅くとも六月中旬までには説明会をする必要があります。日程の候補をお知らせください。できれば、従業員の方が集まりやすい時間がいいと思います。所定時間内が難しければ終業時間直後に設定して、説明会も労働時間として扱って賃金を支払うという処理が良いかと思っています。場所は、社内の会議室などでよいですか？」

「当社は現場に出ている従業員が多いので全員が入れる会議室はありません。公民館の会議室を借りておきたいと思いますがそれでよいでしょうか。」

「もちろんそれでも大丈夫です。場所はまた教えてください。」

打合せ終了後、堀山弁護士は、就業規則の改定案のほか、説明会で配布する資料として新旧対照表、条項ごとの改定理由を説明する文書を作成し、神田社長にメールで送った。

その直後に神田社長から返信があった。

「早速ありがとうございます。この内容にてお願いしたいと思います。当日よろしくお願いいたします。」

説明会

説明会に集まった従業員は全一二名中一〇名であった。懸念の山口さんからは神田社長に欠席する旨の電話連絡があった。

集まった従業員に対し、神田社長から説明会の趣旨の説明があり、資料として就業規則改定案、新旧対照表、改定理由の説明文書が配布された。

神田社長は、説明文書に沿って次のように説明をしていった。

「無期転換申込権の規定の整備ができていなかったため今般整備する。無期転換した従業員は期間の定めがないこととなるが、正社員と同様に定年を六〇歳とする規定を設ける。現在有期雇用で勤務している従業員の中には既に六〇歳を超えている方もいるため、六〇歳以上で無期転換する方については、六五歳を定年とする。」

これらの条項について従業員からは特に質問はなかったが、従業員からは「きちんと仕事をしている人を評価する制度を整備してほしい、逆にきちんと仕事をしていない人に対してはきちんとペナルティを科してほしい」といった要望が出された。

神田社長は次のように応じた。

「人事評価の制度がないのはおっしゃる通りです。会社の規模からしてどこまで制度化できるかは悩ましいが皆さんに報いるような方法を考えたい。」

その後、神田社長から次のような丁寧な説明があった。

「本日質問できなかった事項や、あるいは後日気づいた質問事項があれば遠慮なく質問してください。また、今回の改定案について意見があれば是非忌憚なく申し出てください。就業規則の改定に同意いただける方は、今から配る同意書にサインをお願いします。もちろん同意しなかったことを理由として不利益に取り扱われることはありません。後日の回答でも構わないのでよろしくお願いします。」

その結果、出席従業員一〇人全員が同意書を提出した。

契約社員への対応

説明会終了後、堀山弁護士は契約社員の山口さんの件で神田社長と打合せをした。

「本日、ひとまず出席者全員から同意書をもらうことができました。山口氏さんと社員一人に対しては説明ができていませんので、個別に説明をして、同意を取りに行く必要があります。山口さんはおそらく同意しないと思いますが、その場合でも就業規則の変更について労働契約法一〇条の合理性があるという整理で、改定後の就業規則に基づいて無期転換するものの、六五歳で定年退職するという形にしたいと思います。」と、堀山弁護士が今度の段取りを説明する。

「分かりました。おそらく、もう一人の社員は今日都合がつかなかっただけなので説明すれば同意してもらえると思います。山口さんについては話を聞いてもらえるかどうかも分かりませんが、一度連絡してみます。」

「どうしても会ってくれないということなら今日配布した資料を本人に郵送して質問があれば連絡せよ、という形にせざるを得ませんね。」と、堀山弁護士が意見を述べた。

数日後、堀山弁護士は神田社長から電話を受けた。

神田社長曰く。山口を本社に呼び出したが応じず、就業規則の改定案や理由の説明書面などを自宅に郵送したが、山口は同意しなかったということであった。

さらに、神田社長は続けて言った。

「先生、山口のタイムカードを改めて確認したところ、非常に有給休暇が多いことが分かりました。本来週休二日ですが、勝手に、追加で一日を有給休暇として申請していたようです。」

堀山弁護士は次のように訊ねた。

「話がよく見えませんが、有給は申請があってそれを会社が承認しているというわけではないのでしょうか。付与されている数以上に有給を取得するという事態は起こり得ないように思うのですが……。」

「有給を取得するときは、タイムカードに『有給』と記載するという運用をしていました。その申請をみて経理が給与計算をしているのですが、どうやら山口は経理の担当者に『社長が了解している』と嘘をつき、かつ、詮索するなと恫喝していたようです。それで今まで発覚しなかったと思います。平成二七年から令和三年まででで本来有給を取得できないのに有給と処理されていた日数が二〇〇日ほどありました。結局一八〇万円ほど賃金を過払いしていることになります。」

「そういうことでしたか。ひとまず、定年による退職を通知することは予定通り進めましょう。山口さんは定年退職を拒否するでしょうから、念のために解雇も通知することも必要かも知れませんね。」

「なるほど、解雇通知ですか。山口は勤務時間中に電話がつながらずおそらくどこかでサボっていますし、お客様のクレームに対して逆上したりしていますので、それらの点も併せて解雇ということは可能でしょうか。」

「それらの問題点について、その当時本人に注意や指導をしたという事実はありますか？」「リーダーの塚本が注意をしたことがあるのですが、その注意に対しても『誰に向かって口きいてんねん』などと大声を上げて反抗的な態度でしたので、それ以降は注意できていないと聞いています。」

「有給の不正取得は重大な違反だと思いますし、勤務離脱やクレームへの逆上なども解雇事由になり得るとは思いますが、注意指導が十分できていないので、ともすれば会社が黙認していたのではないかと評価される可能性は否定できないと思います。ただ、お聞きしているような事情からすれば山口さんをこのまま雇い続けるという選択肢はいずれにせよないと思いますので、予備的に解雇も通知することにしましょうか。」

「先生、それで、今後の展開はどうなりそうでしょうか。」

「七月一日から無期転換するわけですが、改定後の就業規則により、七月二〇日をもって定年退職になることを通知することになります。これは意思表示が必要なものではないですし解雇予告でもないですが、一か月前には出しておいたほうが良いと思います。また、解雇通知も同時に出しましょう。ドラフトを作成してお送りします。おそらく、山口さんはいずれも争ってくるのだと思いますが、以前申し上げたように、定年の定めは不利益変更に該当しますので、無効であるとされるリスクはあります。また、解雇についても、解雇理由に該当する事実を立証できるかという問題と、その事実で解雇の相当性が認められるかという問題があります。争ってくるとすると、まず弁護士が代理人に就任して任意交渉を行い、決裂すれば訴訟や労働審判が起こされることになると思いますが、多くの事案では一定の金銭の支払いによって退職を前提とする和解ができるケースも多いです。相手のあることなので、もちろん断言はできませんが、山口さんの年齢やこれまでの勤務態度を考えると、金銭解決ができる可能性もあると思います。」と、堀山弁護士は見通しを述べた。

神田社長は訊ねた。

「解決金はいくらぐらいを見込んでおいたらよいのでしょうか。」

堀山弁護士は次のように答えた。

「賃金の何か月分、といった金額をベースに議論することが多いです。ざっくりいうと、退職や解雇がどの程度有効といえそうかということとの相関関係で高くなったり低くなったりしますが、半年分から一年半分くらいのレンジで解決することが多いという感覚です。(注4)」

神田社長は頷いて言った。

「彼に追い銭を払うのは乗り気しないですが、このまま会社に置いておくわけにもいかないので、先生、よろしくお願いします。」

「分かりました。では定年退職の通知と解雇通知のドラフトを作成します。今お聞きした解雇理由について、箇条書きで結構ですので、具体的な事実関係をメールで教えてくださ い。また、関連する資料があれば送ってください。」

そう言って堀山弁護士は電話を切った。

退職と解雇通知

堀山弁護士は、定年退職の通知と解雇通知を作成し、神田社長にメール送信した。

神田社長からはすぐに返事があった。

「早速ありがとうございます。この内容で送ります。山口の反応をみてまたご相談させて下さい。」

数日後、神田社長から堀山弁護士にメールが来た。曰く、山口さんが、㈱ウォーターズの業務の発注元である自治体の総務課に、「不当解雇された。そのような会社に業務を発注するのはいかがなものか」との申入れをしているということであった。

神田社長は、水道検針業務は三年ごとに入札が行われて受託業者が決定されるところ、このような申入れがなされると、次回の入札の際に不利に評価される可能性を懸念しており、「どう対応すべきか」相談したいとのことだった。

堀山弁護士は、次のような方針を提示した。

「対自治体との関係では、正当な退職・解雇であることを説明するとともに、受託業務について何ら影響がない旨を説明すること、対山口さんとの関係では、会社の業務を妨害するあるいは名誉、信用を毀損するものであるとして警告書を送付する。」

神田社長からは即時に

「その方針でお願いします。自治体への報告書の案を作成しますのでレビューしていただけるとありがたいです。」との返事があった。

堀山弁護士は直ちに警告書を起案して、神田社長に案を送付し、並行して報告書案のレビューを実施した。

後日、神田社長が自治体の総務課の担当者を訪れ、報告書を交付して事の顚末を説明したところ、「大事にするつもりはない。」との反応であって、事なきを得た。

堀山弁護士が警告書を山口さんに送付したところ、山口さんから神田社長に対し、「弁護士に相談したが負けるはずがないと言われた。近いうちに解雇の撤回を要求する内容証明を送る。」との電話があったとのことであった。

ところが、その後、山口さんから何の音沙汰もなく、この件は終了した。

（注1）労働契約法一八条一項は「同一の使用者との間で締結された二以上の有期労働契約（契約期間の始期の到来前のものを除く。以下この条において同じ。）の契約期間を通算した期間（次項において「通算契約期間」という。）が五年を超える労働者が、当該使用者に対し、現に締結している有期労働契約の契約期間が満了する日までの間に、当該満了する日の翌日から労務が提供される期間の定めのない労働契約の締結の申込みをしたときは、使用者は当該申込みを承諾したものとみなす。この場合において、当該申込みに係る期間の定めのない労働契約の内容である労働条件は、現に締結している有期労働契約の内容である労働条件（契約期間を除く。）と同一の労働条件（当該労働条件（契約期間を除く。）について別段の定めがある部分を除く。）とする。」と定めている。

「別段の定め」として無期転換社員に適用される就業規則が定められていれば、従前と異なる労働条件とすることが可能であるが、無期転換申込権行使前に定められたものであれば、労働契約法七条にいう「合理性」が求められる。

無期転換申込権行使後に就業規則を制定・改定した場合、それが有期雇用契約における労働条件より不利益なものであれば、無期転換申込権行使によりすでに無期雇用契約は成立しているため、労働条件の不利益変更に該当するため、労働者の同意又は労働契約法一〇条にいう「合理性」が求められる。

（注2）水野勇一郎『詳解労働法〔第二版〕』（二〇二一年、東京大学出版会）三九八頁参照。

（注3）労働基準法九〇条一項により意見聴取が求められる「労働者の過半数を代表する者」は、①同法四一条二号に規定する管理監督者の地位にないこと、②法に規定する協定等をする者を選出することを明らかにして実施される投票、挙手等の方法により選出されたものであって、使用者の意向に基づき選出されたものでないこと、であることが必要である（労働基準法施行規則六条の二）。

また、同一事業場において一部の労働者についてのみ適用される就業規則（例えば、契約社員就業規則）を作成する場合も、当該事業場の全労働者の過半数を代表する者の意見聴取が必要であり、一部の労働者の過半数では足りないとされる（昭和六三年三月一四日基発一五〇号）。

（注4）独立行政法人労働政策研究・研修機構（ＪＩＬＰＴ）の調査によれば、地位確認請求事件における解決金額は、労働審判手続（調停又は審判）において賃金の平均六か月分、中央値は四・七か月分であった。民事訴訟における和解の場合、平均一一・三か月、中央値は七・三か月分であった（令和四年一〇月二六日労働政策審議会　労働条件分科会（第一八一回）資料５「解雇に関する紛争解決制度の現状と労働審判事件等における解決金額等に関する調査について」参照）。

〔堀内　聡〕

労働審判法

「労働審判」

労働審判の期日呼出し

堀山弁護士は、知人の社会保険労務士の依頼で白蛇観光株式会社の山野雅之総務部長の来訪を受け、労働審判の件で相談対応した。

白蛇観光はマッサージ嬢を派遣する風俗店（いわゆるデリヘル）を運営する会社である。東京地裁から労働審判の期日呼出し状が届いたので、その対応等について相談したいというものだった。事前に、山野総務部長から審判申立書をメールで送付してもらっていた。

審判申立書の概要は次のとおりだった。

1　相手方は派遣型風俗店としてマッサージ業などを営む会社であり、申立人近藤太郎は、平成二五年一一月五日、相手方との間で、概要以下の雇用契約を締結し、新宿店においてマッサージ嬢の送迎車両の運転手として勤務していた。なお、当事者間の契約書は「業務請負契約書」という名称だがその実態は雇用である。
勤務時間　一三時~二九時（翌五時）
給与支払い日　毎日当日締め当日払い
給与額　時給一二五〇円
期間の定め　なし

2　申立人は、相手方の指示で、出勤時間及び待機場所を指定され、毎日一三時に出勤して新宿店の前で自動車に乗って待機し、新宿店の店舗にいるスタッフからの連絡を受けて、マッサージ嬢を店舗から顧客の指定場所（ホテルや自宅など）に送迎していた。実際には、申立人は定められた勤務時間を超過して勤務することが多く、休みは毎月二日ほどしかなかった。

3　業務請負契約として時間給が支払われているが、法定労働時間外や深夜、休日労働の割増賃金が支給されておらず、未払い額は一一九〇万五三〇〇円に上る。

4　平成三〇年一一月二日の勤務終了後（同月三日）、上司の小沢副社長から、口頭で「女性スタッフから居眠り運転との声が上がっており、そのような人をドライバーとして雇うことはできないので本日をもって契約終了とする」などと言われ即日解雇された。中立人は無事故無違反の優良ドライバーであり解雇に正当な理由はなかったが、中立人はこの点を争うことなく解雇に応じた（そのため地位確認請求はしていない）。即日解雇であるため、相手方は解雇予告手当三〇日分の支払義務を負うが、これを支払っていない。解雇予告手当の金額は平均賃金日額三万円であるからその三〇日分の九〇万円である。

5　中立人は解雇予告手当の支払と割増賃金の請求を行ったが、相手方は雇用を否認して支払いを拒んだ。そのため、代理人弁護士を選任して内容証明郵便による請求を行ったが、相手方は一切支払いに応じない。そこでやむを得ず本中立に至った。

さらに、審判中立書には、予想される争点及び争点に関する重要な事実として以下のような記載があった。

争点は、中立人と相手方の契約が雇用か否か（業務委託ないし請負か）である。

重要な事実

①仕事内容

　中立人の業務は、運搬する物件や走行距離に応じて料金が決定されるものではなく、勤務を拘束する時間に応じて給付がなされる。また、勤務時間中は常に電話を受けられるようにしておく必要があり、電話を受けるとすぐに送迎しなければならないから、相手方からの指揮命令に拘束・支配されている。
②専属性
中立人は長時間相手方に拘束され、この間他の勤務はできない。しかもほぼ毎日無休で勤務していたから専属性は強い。
③その他
相手方は、契約締結時に、「ドライバーもほかの従業員と同じレベルの待遇をする」と説明していた。

打合せ

「ご足労いただきありがとうございます。弁護士の堀山と申します。」

「白蛇観光の山野です。」

名刺交換し、挨拶を交わす。

「早速ですが、当社は、これまで労働審判というものを経験したことはありません。訴訟とは違う制度なのでしょうか。」と、山野部長は不安そうに訊ねる。

「労働審判は、労働紛争の早期解決のために設けられた制度で、期日は原則として三回までと決められています。訴訟だと、一審でも一年くらいじっくり主張立証のやり取りをしますが、労働審判は、基本的に、第一回期日までに全部主張と書証を出し切ることになります。答弁書の提出期限は三月一日ですが、今日が二月一七日ですから、二週間弱しかありません。第一回期日に申立人本人と会社側の方が裁判官のヒアリングを受けます。期日は三回までと申し上げましたが、第一回期日で事情聴取がなされ、そのまま和解協議に入ることも多く、一回で終わることも多いですし、多くの事件では二回目までに終わります。[注1]」

「そうすると、先生に対応をお願いしたいと思いますが、これから答弁書を作成いただくにしても、あまり時間がありませんね。」

「そうなのです。今日はできるだけ事実関係を確認させていただきますが、労働審判は多くが和解で終わるので、和解に関する方針も打合せしたいと思います。審判申立書を確認したところ、労働者性が問題になっているようですね。」

「業務請負契約書を締結しているのに、雇用契約だ、と言われるのは腑に落ちないのですが。」と、山野部長は不満を口にした。

労働基準法研究会報告書

「労働基準法上の労働者に該当するかどうかは、契約の名称だけではなく、実態によって判断されるのです。なので、契約書が業務請負だとか業務委託になっていても、業務の実態が雇用であれば、労働基準法が適用されます。ではどういう場合に労働者に当たるのか、という点については、昭和六〇年に労働基準法研究会が報告書を出しており、これが現在もほぼ裁判所の判断基準になっています。(注2) 報告書のコピーをお持ちしましたので、一緒に見ながら、考えていきましょう。」

堀山弁護士は研究会の報告書のコピーを渡し、説明を始めた。

「まず、指揮監督下の労働があるかどうかを見ていくことになります。イの『仕事の依頼、業務従事の指示等に対する諾否の自由の有無』ですが、具体的な仕事の依頼を断れるのであれば、対等な当事者間の契約といいやすいです。断れない、断りにくいということだと、業務命令のように指揮監督関係があることが強く推認されます。申立書によると、ほぼ毎日休みなしで一三時から二九時まで拘束されていた、ということですが、中立人はどういう勤務形態なのでしょうか。」

「申立書に書かれていることは全く事実と違います。ドライバーは自由にシフトを入れていて、申立人の近藤太郎の場合、自ら希望して一三時から二九時まで毎日シフト希望を出しているのです。面接の際にも、たくさん稼ぎたいのでたくさんシフトを入れたい、と言っていました。」

「そうなのですか。自由にシフトを入れるとすると、時間帯によってはドライバーが多すぎたり足りなかったりするように思いますが、店舗運営はそれで回るのですか？」と、堀山弁護士が疑問をぶつける。

「多すぎるということがないように人数は調整していますが、人が足りない場合、代わりにタクシーを使って送迎をしています。」と、山野部長が答える。

「ちなみに、新宿店には何名ぐらいのドライバーがいるのですか？」

「現時点で一〇名ですが、副業としてやっている人もいて、そういう方は、週に一回か、二回程度しかシフトに入りません。一回数時間だけというケースもあります。」

「なるほど、かなり柔軟に働ける仕組みになっているのですね。シフト希望に対して会社から『ここに入ってほしい』『ここは来ないでほしい』ということもなかったんでしょうか。」

「ありません。シフトは二週間先ぐらいまで入れるのですが、一旦シフト希望を出していても変更や撤回、追加も認めていますし、副業の方もいるので当日キャンセルや早上がりなども柔軟に認めています。」

「この点はかなり雇用との違いが際立っているように思えますね。答弁書でも強調して主張することにします。続いて、報告書の口の『業務遂行上の指揮監督の有無』についてです。ドライバーの業務は、ざっくりいうと、お客さんのところにマッサージ嬢を送り、時間が来れば迎えに行く、ということだと思いますが、業務の流れをご説明いただけますか。」

「まずお客様から電話で予約が入りますので、受付スタッフが時間と場所を聞きます。待機中のドライバーに、何時にどこどこのホテルに誰々を送るよう、電話で連絡するというものです。忙しいときは、すぐ戻ってきてもらって次のマッサージ嬢を送ってもらいます。それで、プレイタイムが終わるころを見計らって、ドライバーにホテルに行ってもらいます。」

「そうすると、迎えに行く際は別のドライバーが行くこともあるわけですね。」

「むしろそのケースが多いですね。」

「時間帯によっては、ドライバーに手待時間が発生することもあると思いますが、どこで待機しておいてほしいとか、待機中はこうしなければならないといった指示はされていたのでしょうか。」

「店舗に駐車場があるわけでもなく、こちらから待機場所を指示することはありません。待機中は寝てても夕バコを吸っていても別に何も言いませんし、たまに、電話をしても出ないドライバーもいますが、それも特に咎めることはありません。」

「行先は指定されていますが、経路なども特に指定はされていないですか。」

「はい、特に決めていません。」

「就業規則などももちろんないですよね。ドライバー用のマニュアルのようなものはありますか。」

「面接の際に読んでもらうマニュアルがあります。今日お持ちしました。」

マニュアルを見ると、「女性には敬語で接する、必要な会話以外しない、車内換気を適度に行う、女性送迎中は禁煙、女性にもシートベルトを着用させ、交通ルールを順守する、女性との連絡先交換は絶対に行わない、服装、髪形は定めないが、清潔な服装、女性の自宅やお客様の自宅、オーダーがあったことなどすべての情報を他に漏らさない」などの注意事項が記載されていた。

「一般的な注意事項にとどまり、服務規律のように指揮監督関係を推認させるものではないとの主張ができそうですね。」と、堀山弁護士がコメントし、続けて、

「報告書のハの『拘束性の有無』ですが、先ほどのお話からするとシフトも自由で時間的な拘束はかなり緩く、場所的拘束も、送迎業務に必要な限りでの拘束しかないということは言えるかと思っています。ニの『代替性』は、補助者を使ったり再委託ができるか、という観点ですが、ここはどうでしょうか。」と、訊ねた。

「自分がシフトに入れないときは入らなければよいだけなので再委託などは想定していません。」

「そりゃそうですよね。ただ送迎さえすればいいので、再委託や補助者の利用が禁止されているわけではないことや、タクシーで代替できるので自ら補助者を手配しなくてよいという点では、より代替性が高いということは言えそうですね。」

「はい、再委託の許可を求められたこともありませんが、他の方法を禁止していない、というのはその通りだと思います。」

堀山弁護士は必要な事実関係を聴取しながら、報告書のもう一つの考慮要素である「報酬の労務対償性」について話が進んだ。

マニュアルでは「時給一二五〇円（ガソリン代含む）〜」とされ、「業務（女性送迎）に必要な高速代金は会社負担」と記載されていた。

堀山弁護士は、次のように訊ねた。

「マニュアルで『時給』と書かれていること、送迎件数や距離などに応じて決まるのではなく時間単位で支払われるという点は、報酬の労務対償性を肯定する方向に傾いてしまいます。一二五〇円から、と書かれていますが、人によって金額は違うのでしょうか。」

「いいえ、実際には一律です。送迎件数や距離は管理が大変ですし、お客さんがどれだけ入るかによってばらつきがあるので、時給としているのですが、だめなんでしょうか」

「時間に対して支払っていると、労務提供の対価だとの評価を受けやすいのは事実ですが、報告書にも『労働の対償』とは、結局、『労働者が使用者の指揮監督の下で行う労働に対して支払うもの』というべきものであるから、報酬が『賃金』であるか否かによって逆に仕様従属性を判断することはできない」という記載があります。ですから、必ずしも時間制がだめだというわけではありません。本件だと、待機中もガソリン代や駐車場代がかかることもあるので、待機中も含めて業務の対価として払っていたという主張は考えられるかなと思っています。勤続年数や熟練度で上がっていく賃金と違う、ということも言えそうですね」と、堀山弁護士が指摘した。

続けて堀山弁護士は、次のように説明した。

「労働者性の補強要素として『事業者性』があります。この関係では、機械、器具の負担関係や報酬の額や専属性の有無のほか、報酬を給与所得として源泉徴収しているか、労働保険の適用対象としているかなどが考慮されます。」

「いろんな事項を考慮しないといけないのですね。機械器具の負担関係でいいますと、送迎に使う車は、ドライバーが所有しているものです。マニュアルにも書いていますが、カーナビ、携帯電話、ハンズフリーアクセサリや車両の自賠責、任意保険もドライバー負担です。ガソリン代は時給に含めているので、実質、ドライバー負担です。給与所得の扱いにはしていませんし、労働保険も加入していません。」と、山野部長が説明する。

「なるほど、分かりました。ある程度労働者性について戦える事実関係かなと思います。答弁書のドラフトを作成してご連絡します。それと、委任状もいただく必要があります。弁護士費用についても見積りを作成してお送りさせていただきます。仮に労働者性が肯定された場合に労働時間についても争えるのかという点と、和解の方針については日を改めて打合せさせてください。」

「分かりました。労働時間については、何か準備することはありますか。」

「ドライバーの待機時間を休憩時間として労働時間から控除する主張を考えています。どのドライバーがいつどこにどの女性スタッフを送迎したのか、そのような履歴は残っていますか？」

「古いものは残っていないかもしれませんが、一度探してみます。」

答弁書

堀山弁護士は、打合せの内容を基に答弁書案を作成し、メールで山野部長宛に送信し、翌日、再び山野部長と打合せをした。

「答弁書を作成していただきありがとうございます。宿題となっていた労働時間の点ですが、毎週上書き保存しているため古いものはなく、この一週間分しか残っていないのです。今日は、それをお持ちしました。」と、言いながら山野部長はUSBメモリを堀山弁護士に渡した。

堀山弁護士は、USBメモリ保存のエクセルファイルを見ながら訊ねた。

「やむを得ないですね。今残っているものがこのようなものだから、当時も同じだったという主張をするしかないですね。エクセル表の見方を教えていただけますか。」

山野部長の説明によると、表は、ドライバーごとに、ドライバーがマッサージ嬢をピックアップした時間、マッサージ嬢の送り先と走行時間を記録したものだった。

「なるほど、これを見ると、例えば林さんというドライバーは一五時から二九時まで待機してもらって、その日の走行時間合計は二二〇分ということですね。二二〇分ということは三時間四〇分ですから、一四時間のうち一〇時間ほどは待機しているだけの時間ということですね。」

「そのとおりです。」

「やや概括的な主張にならざるを得ませんが、ほかのドライバーの走行時間も集計して、待機時間の何割程度実際に走っているかを出して、それ以外は休憩だという主張を検討したいと思います。」

堀山弁護士はその場でエクセル表を集計したところ、待機時間のうち二〇パーセント程度が走行時間であることが分かった。

「あとでこの点の主張を答弁書に盛り込みます。待機中も電話がかかってくるので、休憩時間だという主張が通るかどうかという問題はありますが、労働密度がかなり低いという実態は裁判所にも理解いただけるのではないかと思います。」と、堀山弁護士は見通しを説明する。

「それと、本日は、和解という選択肢についても説明しておきたいと思います。前回お話ししたとおり労働審判は多くが和解で終わりますし、裁判所もかなり積極的に和解を進めてきます。任意交渉段階では、一切払わないというのが御社の方針でしたね。ただ、労働審判手続では、和解ができなければ審判があり、これに異議申立てをして通常訴訟に移行させることも可能ですが、かなり時間もかかります。労働者性を否定できるとも言い切れませんし、お聞きした実態をどこまで立証できるか定かではありません。和解に応じるという選択肢もあるように思います。」

「当社としては、一円も払いたくない気持ちは今もありますが、リスクが大きいのであれば、和解もやむを得ないかと思っています。」

「労働者性が肯定されると、同じような契約をしている他のドライバーにも波及する可能性は高いので、それは絶対に避けなければならない事態だと思いますね。裁判所が労働者性についてどういった心証を抱くかがかなり大きいので、その点を探りながら考えていきましょうか。」と、堀山弁護士が今後の見通しを述べた。

「分かりました。期日には、私と小沢副社長が出席するつもりです。」

打合せを終えた堀山弁護士は急いで答弁書を完成させ、山野部長の確認を経た上で東京地裁に提出した。

第一回期日

堀山弁護士は、第一回期日に小沢副社長や山野部長と共に出頭した。

労働審判手続は、労働審判官（裁判官）一名と労働審判委員二名の三名で構成する労働審判委員会が行い、労働審判官が主導して中立人に対する事実関係の聴取が行われる。

中立人の近藤太郎は次のように述べた。

「シフト希望は自由だと聞いていたが、借金を抱えており長時間働かざるを得なかった。一度入れたシフトを撤回したりしたことはない。待機中もいつ電話がかかってくるかわからず、遠くにいると送迎に時間がかかるので近くにいる必要があった。」

続いて、審判官が、会社側に対し質問した。

「待機中にたまたまドライバーが遠くにいたりして、すぐに送迎できないときはどうするのですか。」

「その場合はタクシーを使うことになりますが、それによって手数料を減額することはありません。」と、小沢副社長が答えると、あっさり事情聴取は終わった。

「では、今後の進行について個別に意見を聴きますので、一旦、白蛇観光の方は退席してください。」と、審判官は退出を促した。

堀山弁護士は、退室後、待合室のベンチに座りながら、小沢副社長らに解説した。

「審判官が今後の進行について個別に意見を聴くというのは、要するに和解協議ができないかというメッセージです。我々に対するヒアリングはあっさり終わりましたし、中立人の受け答えからすると、審判官は、おそらく労働者性について否定する方向の心証を持ったのではないかと思います。」

「私も素人ながらそのような雰囲気を感じました。当方から強気の和解案を提示できますか。ゼロが希望ですが、それだと話にはならないですよね。」と、小沢副社長が言った。

「和解のテーブルに乗らないというのなら、それも選択肢ですが、おそらく審判になっても相手方は異議を述べるでしょうから、時間をかけてまで訴訟をするかどうかですね。」

と、堀山弁護士が訊ねると、小沢副社長は言った。

「訴訟は時間も手間もかかるので避けたいです。今日解決するなら一〇〇万円くらいまでは応じます。」

「そのおつもりなら、最初は強気で行ってみて、相手の様子を見るのもよいかもしれません。即日契約を解除するのは、さすがに相手方も生活に困ると思いますので、実質的には解雇予告手当のようなものとして、直近一か月分の手数料相当額約五〇万円を提示して様子を見てみましょうか。」と、堀山弁護士は提案した。

　すると、小沢副社長は、即座に了解した。

「ひとまずそれでお願いします。」

　暫くして、堀山弁護士らは、審判官に呼ばれ、部屋に戻った。

和解の打診

審判官が、開口一番、堀山弁護士に訊ねた。

「和解をするとすれば、どの程度の金額を考えておられますか。」

「我々としては、先ほどの申立人の話を聞いても、労働者性が認められる余地はないと考えていますので、基本的には解雇予告手当も割増賃金も支払義務はないと考えていますが、低額の解決金の支払であれば検討の余地があります。」

「申立人は、突然の契約解除に相当不満を持っていたようです。労働者性については裁判所としても思うところはありますが、訴訟に移行した場合の結論は分かりませんね。申立人としては、当初会社に請求した一二〇万円を固守したい意向のようです。それ以下の和解には応じないと言っています。」と、審判官が申立人の意向を明らかにした。

「一二〇万円は到底応じられるものではありません。契約解除への不満ということでしたら、労働者性を認めることはできませんが、実質的な解雇予告手当として直近の手数料一か月分の約五〇万円なら応諾できます。」と、堀山弁護士は答えた。

「おそらくそれでは申立人は応じないと思いますが、一度聞いてみましょう。申立人と交代していただけますか。」と、審判官は言った。

再度、堀山弁護士らが退席して申立人が入室した。

堀山弁護士は、待ち合わせ室で小沢副社長に対し、次のような見通しを述べた。

「おそらく裁判所が厳しい見通しを告げて金額を下げさせて、出てきた数字が一二〇万ということだと思います。となると、これ以上は譲歩の余地はないかもしれませんね。」

「そういうものなのですか。一二〇万円がスタートラインならまだ下がるかなと思いましたが。」

「譲歩の余地は多少はあるかもしれませんが、大きくは下がらないでしょう。あとは、こちらが相手の案を断るかどうかですね。」

「この金額なら断るのはちょっともったいないような気もします。ただ、同じようにドライバーが辞めるたびに一〇〇万円を支払うとなると、それはそれでたまったものではありませんね。」と、小沢副社長が言った。

「そのおつもりなら、口外禁止条項(注3)を提案してみましょうか。事実上、本人が口外したことの立証はできないことが多いので、牽制効果しかありませんが。」

「そういうものなのですね。違反したら解決金を返金させるといった形で牽制を強めることはできないでしょうか。」

「それも、相手が承諾するかどうか分かりませんが、提案してみましょう。金額ですが、次に審判官から呼ばれたら、先ほど仰った一〇〇〇万円までの範囲で様子を見ながら対案を出したいと思います。」と、堀山弁護士は対応策を述べた。

その後、堀山弁護士らは、審判官から再び呼ばれ、入室すると、審判官が心証を述べた。

「やはり五〇〇万円での和解成立は不可能です。本人は一二〇〇万円を強く希望していて、説得を試みましたが、一二〇〇万円を下回るのは相当厳しいと思います。」

「我々もお待ちしている間改めて検討しました。一二〇〇万円は無理ですが、間をとって八〇〇万円まででしたら、お支払いします。ただし、同じような契約をしているドライバーに情報が流れると困るので、口外禁止条項を入れ、かつこれに違反した場合には解決金と同額の違約金を払っていただくことをお願いしたいと考えています。」と、堀山弁護士は会社側の案を述べた。

「口外禁止や違約金条項を言い出すと、尚更申立人は頑なになるかもしれません。本人の選択であったとはいえ、長時間、休みなしで働いている実態もありますし、紛争の実態を見れば、一〇〇〇万円程度をお支払いされることは、あり得るのではないかと思います。会社側から一〇〇〇万円の提示をいただいたら、改めて私の方で申立人の説得を試みたいと思います。」と、審判官は言った。

堀山弁護士が小沢副社長の顔を見ると、そっと頷いたので、堀山弁護士は次のように要請した。

「一〇〇万円までであれば応諾します。ただし、口外禁止と違約金条項を入れることは絶対条件です。審判官の方で説得のほどをよろしくお願いいたします。」

「ご意向をお聴きしましたので、待合室でお待ちください。」と、審判官が言ったので、堀山弁護士らは退出し、代わりに申立人が入室した。

その後、待合室に審判官が現れて訊ねた。

「何とか申立人は、一〇〇万円で承知しましたが、違約金が解決金と同額というのは受け入れることはできないので、半額の五〇万円でお願いしたいと言っています。会社側はどうされますか」

「分かりました。五〇万円でいいですよ。」と、小沢副社長は承知した。

堀山弁護士もこれに同意すると、審判官が告げた。

「では、調停成立ということで読上げをしますので、部屋にお入りください。」

申立人も同席のもと、解決金一〇〇万円とし、口外禁止条項を入れ、違反した場合の違約金五〇万円とする調停条項が読み上げられ、調停が成立した。

（注1）労働審判法一五条一項は「速やかに、当事者の陳述を聴いて、争点及び証拠の整理をしなければならない」とし、同条二項は「労働審判手続においては、特別の事情がある場合を除き、三回以内の期日において、審理を終結しなければならない」とされている。そして、主張及び証拠書類の提出は「やむを得ない限り、第二回期日が終了するまで」にしなければならない（労働審判規則二七条）。

労働審判規則一三条は、第一回期日を、申立日から原則として四〇日以内に指定すべきとしており、期日変更もほとんど認めない運用をしている裁判所が多い。

答弁書の提出が期日の一週間前であることからすると、申立後すぐに送達されても、会社側の準備期間は三〇日程度しかない。

（注2）労働基準法九条は「この法律で「労働者」とは、職業の種類を問わず、事業又は事務所（以下「事業」という。）に使用される者で、賃金を支払われる者をいう。」と定めている。

当時の労働省の労働基準法研究会は、昭和六〇年一二月一九日、「労働基準法研究会報告（労働基準法の「労働者」の判断基準について）」を出しており、労働者性の判断に当たっての考慮要素を示している。また、具体的事案として、①傭車運転手、②在宅勤務者の判断例が示されている。さらに、労働基準法研究会労働契約等法制部会労働者性検討専門部会から、平成八年三月、「建設業手間請け従事者及び芸能関係者に関する 労働基準法の「労働者」の判断基準について」と題する報告書が出されている。

（注3）労働審判における口外禁止条項については、長崎地裁令和二年一二月一日判決（労働判例一二四〇号三五頁）において、労働審判（調停ではなく裁判所が出す審判）において口外禁止条項

を付すことが「直ちに違法になるわけではない」としつつ、当事者に過大な負担となるなど、消極的な合意さえも期待できないような場合には、受容可能性はなく、手続の経過を踏まえたものとはいえず、相当性を欠き、労働審判法二〇条一項及び二項に違反するとされた（結論として国家賠償求棄却）。

〔堀内　聡〕

第三部

家事・税務編

家事審判・家事事件手続法

「子の引渡し」

事件発生

ある日、河合穂香弁護士は、顧問先の杉下商店の杉下社長からの紹介で宮下祐樹から電話を受けた。

「恥ずかしい話で申し訳ないですが、妻との離婚について、相談に乗っていただけないでしょうか。妻との間には、四歳になる長女スズがおりまして、三人で暮らしていたのですが、実は、二か月ほど前から、別居しており、スズは私と住んでいました。定期的にスズを妻に会わせていたのですが、前回会わせた際に、約束の時間に妻とスズが帰ってこなかったのです。」と、宮下は言った。

「それは大変ですね。詳しく話を聞きたいと思いますので、一度事務所にお越しいただけますでしょうか。」と、河合弁護士は言った。

依頼者との打合せ

一週間後、宮下は淀屋総合法律事務所を訪ねた。

「早速お話を聞きたいのですが、前提として、いつ婚姻されたのでしょうか。また、奥さんのお名前、年齢等お教えいただけますか。」と、河合弁護士は訊ねた。

「妻の名前は、宮下春香といいます。三〇歳です。妻とは、知り合いの紹介を通じて出会い、六年前に結婚しました。結婚から二年後に長女スズが生まれました。」

「祐樹さんと春香さんは、それぞれお仕事をされているのですか。」

「私は、大学卒業以降、行政書士として、父親が開設した事務所で働いています。現在、一〇年目です。妻は、会社員として働いていましたが、娘の出産を機に会社を退職し、現在は専業主婦です。」

「分かりました。本題に入っていきますが、どうして別居に至ったのか、これまでの経緯を教えていただけますか。」

「もともと、妻は精神的に不安定になりやすく、ストレスを感じると、私に当たることが多かったのです。娘の出産後、妻の精神的不安定はますますひどくなり、さらに、飲酒の量が多くなりました。アルコール依存症となっているようでした。娘が大きくなってきて、自我を持つようになると、妻はそれにもストレスを抱えていたようです。包丁を持ち出し、自殺を口にするようになりました。アルコール依存症もひどくなって、入院したこともありました。」と、宮下は思い出しながら説明した。

「春香さんの入院の際、別居することになったのでしょうか。」

「いいえ、妻が入院するまでの間、私は仕事に集中する日々で、娘の面倒は、妻が主に見てくれていました。妻がストレスを抱え、アルコール依存症を悪化させたのは、私にも原因があると思っていました。それで妻が退院するのを、娘と二人で待っていました。」と、宮下は少し反省している様子で答えた。

「分かりました。春香さんが入院したのはいつ頃でしょうか。」と、河合弁護士が訊ねた。

「長女が生まれてから、一歳半になる頃だったと覚えています。」

「お子さんが一歳半になるまでの間、宮下さんの勤務状況や育児はどのようなものだったのでしょうか。」

「妻は専業主婦でしたし、娘が生まれて家族が増えましたので、私が頑張らなければならないと思っていました。私自身の顧客が増えてきたこともあって、平日は、朝七時には家を出て、夜九時に帰宅するような生活でした。ただ、妻が不満を抱いていることは理解していましたので、休日や早朝、夜間の育児や家事は私が担当していましたし、週二日は私が娘を入浴させるようにしていました。」と、宮下が答えた。

「お仕事の状況も踏まえると、春香さんが入院するまでは、主に春香さんがお子さんの監護をしていたことは明らかなようですね。春香さんは、どうして入院することになったのでしょうか。」

「娘が一歳半になる頃、私と妻は、自宅の購入を検討していたのですが、そのことで妻とけんかになりました。妻は、それでストレスを抱えたのか、お酒を飲み始め、酩酊状態になり、突然台所から包丁を持ち出し、「もう死にたい」と言い出したのです。私はさすがにこれはまずいのではないかと思いました。なんとか妻をなだめ、包丁を取り返し、救急車を呼びました。そのまま妻は入院し、後日、アルコール依存症である、という正式な診断を受けました。」

「その診断書はありますか。」と、河合弁護士が訊くと、宮下は診断書を取り出しながら答えた。

「はい、自宅にありましたので、持って来ました。包丁を持ち出すという、危険な行動をとる妻と、別居することを考え始めたのは、このころからです。でも、先ほどお話ししたとおり、私にも原因がありますので、もう一度やり直してみよう、と思い、妻の退院を待つことにしたのです。」

「春香さんの入院期間はどのくらいだったのでしょうか。」

「確か、二か月ほどだったと思います。」と、宮下が答えた。

「春香さんが退院した後、どのような生活になったのですか。」

「妻の入院後、私は、自分自身の勤務体制を見直すことにしました。そこで、職場の所長である父に相談して、勤務体制を変更することで了解を得ました。具体的には、朝の時間帯の娘の世話は、全て私が担当することにし、娘を起こし、朝ご飯を作って食べさせ、散歩や娘の遊び相手になりました。夕方も早く帰ることにし、娘の世話をしていました。また、これまでどおり、休日は一日中、面倒を見ていました。」

「春香さんの様子はどうでしたか。」

「家事・育児の割合は、ほぼ平等になったと思っていますが、それでも、春香の精神的不安定は戻ることがありませんでした。私に対し、「アホ」「カス」と罵倒したり、「死にたい」と言うこともありましたし、ストレスでお酒を飲み、物を私に投げつけるようにもなりました。娘にも、やわらかなクッションでしたが、物を投げつけ、娘が泣いてしまい、私が必死に止めることもありました。そのような中で、お酒に酔った春香が階段を踏み外しけがをして、再度入院することになりました。」

　宮下は、当時を振り返りながら訥々と説明した。

「それは大変でしたね。春香さんが娘さんにも当たるようになったのはいつごろから、何回くらいあったのでしょうか。」と、河合弁護士は、同情しながら訊ねた。

「長女が二歳になったばかりでしたので、退院してから四か月ほど経ったころからです。二、三回くらいあったと思います。妻が長女にも物を投げたりするのは、酒に酔った時でした。そのときの録音もあります。妻には、娘に当たった記憶は残っていたようなので、次の日には、泣きながら長女に謝っていました。」

「先ほど、春香さんが再度入院することになった、とお話しされましたが、その時も、一回目の入院と同じように、祐樹さんが待つことにしたのでしょうか。」

「いいえ。妻が娘に当たるようになってから、私は仕事中も娘に危険が及ばないか、気が気でなかったので、離婚を真剣に考えるようになりました。その時に、妻が再度入院することになりましたので、これを契機に別居を決意しました。」と、宮下は視線を落としながら答えた。

「別居にあたって、春香さんとは話はしましたか。」

「はい。事前に妻の両親とも話をして、妻の両親と一緒に、入院中の妻を訪れて、話をしました。妻は娘が好きだったので、最初、私が離婚をしたい(親権は私)、という話をしたときは、いやだと拒否しました。しかし、妻の両親が、妻に、まずはアルコール依存症の治療に専念すべきではないかということと、別居・離婚して実家に住み、ストレスとなる環境から離れることで落ち着くのではないかと、妻を説得し、私からも、娘の母は妻しかいなく、定期的に娘に会わせるべきだと思っていましたので、そのことを伝えました。妻も最終的には離婚を承知してくれました。その結果、妻は退院後、実家に転居し、私と娘が自宅で住むこととなりました。ようやく離婚に向けて細かな条件を協議できるようになりました。」と、宮下は、これまでの経緯を詳しく説明した。

「春香さんとお子さんの面会交流は、どのくらいの頻度で実施していたのでしょうか。」

「週に一回は必ず、多い時で週に二回は実施していました。娘が妻の実家に泊まることもありました。」

「そのような状況で、先ほどお話しされたとおり、春香さんが約束の時間に長女を引き渡さなかった、というのでしょうか。」

「はい、そうです。離婚の協議を続けており、親権は私で公正証書を作成する予定だったのですが、妻は親権を私にすることに納得がいっていなかったのか、前回面会交流を実施したときに、約束の時間になっても、妻は娘を連れて現れなかったのです。私が何度も連絡したところ、妻からは、私が娘の親権を妻に譲るといわない限り、娘には会わせない、と一言メッセージがあり、それ以降は全く反応がなくなってしまいました。それで、慌てて先生にご連絡したのです。」と、宮下は言った。

親権と監護権

「なるほど、これまでの経緯、よく分かりました。」

「先生、早速聞きたいのですが、娘を返してもらうには、どうすればよいのでしょうか。」

と、宮下が訊ねた。

　すると、河合弁護士は答えた。

「まず、本題に入る前に、前提として親権・監護権についてご説明したいと思います。離婚する夫婦に子がいる場合、父母の一方を親権者として定める必要があります（民法八一九条）。また、民法には、親権に関する規定とは別に、離婚時に子の監護について定めることができるとの規定もあります（民法七六六条、七七一条）。この規定に基づき、家庭裁判所は、別居する父母のどちらかが子の監護者となるかを家庭裁判所において定めることが可能となります。実務上、離婚前に監護権が争われるケースが非常に多くなっており、親権の争いの前哨戦といわれることもあります。」

「すると、私のような場合は、まだ離婚の話もついていないので、監護権を争う、ということになるのでしょうか。」

「はい、そのとおりかと思います。現在、春香さんの下に娘さんがいらっしゃいますので、監護権を争うだけでは、監護権者が誰か決まるだけで、娘さんを宮下さんの下に取り戻すことはできませんので、監護権を争うとともに、子の引渡しを併せて求めることになります。」

「監護権を争う方法と、子の引渡しを求める方法は、具体的にどのような手続になるのでしょうか。」

「子の監護者指定の審判と子の引渡しの審判を申し立てることとなります。また、後でお話ししますが、監護権、親権の判断に当たっては、監護の継続性が判断要素の一つになります。しかし、子の監護者指定の審判及び子の引渡しの審判の確定までの間には、即時抗告（不服申立のこと。家事事件手続法一五六条四号）等により、時間を要する可能性があり、親権の判断に影響を及ぼすこととなりますので、審判と併せて、審判前の保全処分を同時に申し立てることが通例です。」と、河合弁護士が説明した。

「そうすると、まずは監護権者が誰に定められるのかが重要なのですね。具体的に、監護権者は、どのようにして決められるのでしょうか。」

「子供をめぐる紛争では、「子の福祉」が重要なものとなります。つまり、何が子供にとって最善の選択か、という点に立って、議論されることになります。また、具体的に監護権の判断に当たって考慮される要素は、親権と共通しています。まず、主たる監護者が誰だったのか、という点です。子供の出生から裁判所の判断時点までを振り返ったとき、子供の養育を主にしてきたといえる親が「主たる監護者」と呼ばれています。通常、子供は主たる監護者と愛着関係を築いてきたので、子の福祉の観点からは、今後も子供は主たる監護者と暮らす方がよい、という考えです。次に、継続的に監護が行われている環境にいるのかどうか、という点です。子供の生活環境を頻繁に変化させることは、子供に不安や混乱を招く可能性が高いので、それはできるだけ避けるべきだ、という考えです。」

と、河合弁護士は説明し、更に続けて、分かりやすく解説した。

「また、監護の環境も重要な要素です。例えば、親の就労状況によっては、子の監護と両立ができないこともありますし、逆に、経済的基盤がなければ、子の養育が不可能なこともあります。監護を補助することのできる人がいるのかどうかも考慮されます。親が仕事中で子の監護ができない時間帯に対応できる人がいるのかどうか、という点も検討されます。多くは、親族が補助者となります。その他、親自身の健康状態が考慮されることもあります。親自身に心身の健康状態に問題があったり、育児の能力がそもそもなかったりした場合は、問題とされることもあります。子供との結び付きが弱い場合も、あろうかと思います。このように、親の心身の健康やこれまでの育児での問題に消極要素があるときには、その原因や対策（健康状態に問題があっても、別居・離婚により解消される可能性があるのか、親自身が、問題を自覚して改善を図っているのか）も検討されます。また、親自身に問題があった場合、例えば、暴力や暴言が子供にどのような影響を与えているのかも検討されます。暴力や暴言等の夫婦の破綻事由そのものによって、直ちに監護権者として不適格だ、となるわけではないので、注意が必要ですね。」

「親自身の問題や属性以外に、考慮されることはあるのでしょうか。例えば、私のように、妻が私との約束を破って、長女を返さないことや、その後も長女に会わせてもらえないことは、裁判所は考慮してくれないのでしょうか。」

「そのようなことはありません。現時点の監護が違法に開始されたとき（これは「連れ去り行為」等と呼ばれます）、その後の監護実績は重要視すべきでないという傾向にありますし、親の別居は子供にとっては重大な出来事となるため、別居後も子が両親に会い、両親から愛されると実感することは、子の福祉からしても非常に重要となります。もっとも、虐待やＤＶ事案など、逆に面会交流が子供に悪影響を与える場合は別です。また監護している親が面会交流に協力的か否かも重要な要素です。そのほか個々の事案によります。今回とは別の事案ですが、兄弟姉妹がいるケースでは、兄弟姉妹の関係を失わないよう、兄弟姉妹は分離させるべきではないという考えもあります。」

「そのお話を聞いて、少し安心しました。」

そう言って、宮下は胸をなでおろした後、次のように訊ねた。

「先生、そもそもの話になりますが、娘の意思は尊重されないのでしょうか。」

「娘さんの意思も尊重されます。ただ、子供の意思については、適切な方法で慎重に把握する必要があります。また、子供の年齢が高いほど、親とは独立した自分自身の意思を形成・表明できていると思われているため、その意思は尊重される傾向が高く、子供が一五歳以上のときは、親権・監護権に関して判断する際に子供の意思の聴取が必要とされています。(注1)」と、河合弁護士は答えた。

「分かりました。まだ娘は四歳ですので、なかなかしっかりと自分自身の意思を伝えることは難しいかもしれません。敏感に、親の顔色を窺ってしまうかもしれませんね。」と、宮下は冷静に答えた。

「先生からの説明で、おおよそのことが理解できました。一番気になる点ですが、今回のような場合は、裁判所からどのように判断されることになるのでしょうか。」

河合弁護士は少し考えた後、次のように答えた。

「先ほども少しお話ししましたが、別居に至るまでの間、娘さんの養育を主に担っていたのは、春香さんだと判断される可能性は相当程度あると思います。他方で、宮下さんも、仕事を調整し、育児を分担しようとしており、監護の実績がないとはいえないこと、春香さんの暴言や暴行による娘さんへの影響、春香さんのアルコール依存症や精神的不安定といった監護能力に関する問題、春香さんがお子さんを約束通り返さない経緯、面会交流の許容性などの事情は、宮下さんに有利に働く事由になり得ますね。」

「分かりました。でも、このまま娘と会えないままであることが一番困っていることですので、手続を進めてもらいたいです。何よりも子供のことが心配です。」

「そうですね、それでは、急ぎ準備をして、子の監護者指定の審判と、子の引渡しの審判、審判前の保全処分を申し立てることとしましょう。」

こうして打合せを終えた。

強制執行

河合弁護士は、打合せから二週間後、子の監護者指定の審判と、子の引渡しの審判、審判前の保全処分を家庭裁判所に申し立てた。調査官が選任され、審判期日では、過去及び現在の監護状況、当事者双方が予定している監護の体制、別居時の状況等について、詳細な聴取が行われた。

その後、春香の実家や宮下の自宅訪問、調査官による子供との面談、両親と長女スズとの交流場面観察が実施された。そして調査官が作成した調査報告書が提出され、当事者間に共有された。

調査報告書では、妻の春香がアルコール依存症や精神的不安定から、長女に物を投げつけるなどの行為がみられたこと、長女スズが春香のもとに連れられてから、発熱等の体調不良がみられるようになったこと等から、宮下祐樹を監護者と定め、スズを宮下裕樹に引き渡すことが相当とするとの内容であった。最終的に、調査報告書の内容と同様、宮下祐樹を監護者に指定し、子を引渡すことを命ずる審判、保全処分の決定が出された。

河合弁護士は、今後の手続について相談すべく、宮下と打合せをすることとした。

「先生、ありがとうございました。無事に、裁判所から決定してもらいました。本当にありがとうございます。」

「安心するのはまだ早いです。まずは春香さんから、お子さんを引渡してもらう必要があります。やはり子供と離れて暮らしたくないという親の心から、裁判所から引渡しの命令があったとしても、任意で引渡しをしないことも多々あります。」と、河合弁護士は説明した。

「そうなのですね。決定が出されても、従わないことがあるのですね。確かに、決定が出て一週間が経ちましたが、妻からは何も連絡がありません。先生、どうすればよいのでしょうか。」と、宮下は不安そうに訊ねた。

「任意に子供を引渡さないときは、強制執行に進むことが考えられます。保全処分については、送達を受けてから二週間以内に執行しなければならないことに注意が必要です（民事保全法四三条二項）。今回の場合は、執行官に子の引渡しを実施させる決定申立て、第三者の占有する場所での執行の許可申立てをすることが考えられます。つまり、裁判所の職員である執行官が監護している親から子の引渡しを受けて、非監護親に引渡す直接強制を実施することとなりますが、直接強制を申し立てるには、間接強制(注2)の方法、具体的には監護親が子供を引き渡さない期間につき、子供一人当たり一日一定金額を支払うよう命じる強制執行を実施しても、子を引渡す見込みがないことを説明する必要があります。任意の引渡しを求めても、監護親が拒否する内容の回答をしたこと等の事情を説明することになります。(注3)」と、河合弁護士は答えた。

「このまま何もしなければ、娘スズは戻ってこないと思います。一刻も早く、強制執行を申し立ててほしいです。」と、宮下は言った。

「分かりました。ただ、直接強制は、基本的に申立てがあることを相手方に伝えられることなく、進められます。つまり、娘さんにとっては、何も告げられることなく、突然、会ったこともない執行官が家を訪ねてきて、春香さんと引き離され、宮下さんに引き渡されることになるのです。小さなお子さんからすれば、不安を抱くものであることは当然で、子が泣き叫んで、執行不能となった、というケースもあります。したがって、できれば、任意で春香さんには引渡してもらう方が、今後の宮下さんによる監護を安心して実施するためにも良い、ということもあります。いずれにしても、直接強制の申立てと並行して任意の引渡しを求めるために接触する必要があろうかと思われます。」と、河合弁護士は丁寧に説明した。

宮下は少し考えた後、次のように依頼した。

「私も、今回のことが娘スズのトラウマになることは避けたいです。今後、妻とも問題なく面会交流を行うためにも、任意の引渡しをまずは求めつつ、妻が拒否した場合に備えて、強制執行を申し立ててもらえればと思います。」

打合せを踏まえ、河合弁護士は春香さんに任意の引渡しを求めた。

幸い、春香から、一週間後に引渡すとの回答があった。日程調整後、スズを連れた春香が宮下のもとに現れ、無事に引き渡された。

（注1）裁判所は、申立てにより、夫婦の一方が他の一方に対して提起し離婚の訴えに係る請求を認容する判決において、子の監護者の指定その他の子の監護に関する処分、財産の分与に関する処分等についての裁判をしなければならない（人事訴訟法三二条参照）。

また、家庭裁判所は、子の監護に関する処分の審判（子の監護に要する費用の分担に関する処分の審判を除く。）や親権者の指定又は変更の審判をする場合には、家事事件手続法六八条の規定により当事者の陳述を聴くほか、一五歳以上の子の陳述を聴く必要があり（同法一五二条二項、一六九条二項参照）、また、親子、親権又は未成年後見に関する家事審判その他未成年者である子がその結果により影響を受ける家事審判の手続において、子の陳述の聴取、家庭裁判所調査官による調査その他の適切な方法により、子の意思を把握するように努め、審判をするに当たり、子の年齢及び発達の程度に応じて、その意思を考慮する必要があるとされている（同法六五条参照）。

（注2）民事執行法一七二条一項は、間接強制について「作為又は不作為を目的とする債務で前条一項の強制執行ができないものについての強制執行は、執行裁判所が、債務者に対し、遅延の期間に応じ、又は相当と認める一定の期間内に履行しないときは直ちに、債務の履行を確保するために相当と認める一定の額の金銭を債権者に支払うべき旨を命ずる方法により行う。」と規定する。

（注3） 令和元年の民事執行法の改正で国内における子の引渡しの強制執行について、子の福祉に十分配慮するなどの観点から明確な規律を整備するため、同法一七四条に子の引渡しの強制執行に関する具体的な手続規定が置かれた。
具体的には、間接強制と直接強制とが併用され（同法一七四条一項）、間接強制が前置されるか、その実効性がないことや子の急迫の危険の防止の必要があることが直接強制の要件とされている（同条二項）。直接執行の決定をする場合には、債務者の審尋が必要とされているが、子に急迫した危険があるときその他の審尋をすることにより強制執行の目的を達することができない事情があるときは不要となる（同条三項）。

〔河原　里香〕

相続法

「債務の共同相続」

所有権移転登記未了の土地

河合穂香弁護士は、岡山県倉敷市で織物工場を経営する「姫野織物」の姫野稔社長から法律相談を受けた。

相談の要旨は次のようなものだった。

今から八年前に、姫野社長は、金に困っていた親友の益田信男から倉敷市内の土地（宅地五〇坪、所有権登記名義は益田信男）を一〇〇〇万円で購入。当時、特に土地の用途を考えていなかったが、最近、東京に住む長男が転職を機に地元倉敷に戻ってくることになった。そこで、右土地に長男の自宅を建てることにし、併せて土地の名義も長男に移転する登記手続を司法書士に依頼したところ、何かの手違いで土地の一筆（一〇坪）だけ益田信男の名義のままだったので、益田に所有権移転登記手続をさせるべく、相談に来たとのことだった。

河合弁護士は、質問を始める。

「土地の売主だった益田さんとは連絡が取れたのでしょうか。」

「実は、益田に電話をかけたら、電話番号が使われていないというアナウンスが流れたので、不思議に思って、益田の自宅まで行ってみると、別人が出てこられ、『益田さんは私の前の賃借人ですが、七年前に亡くなったそうですよ。』と教えてくれたので、益田が死亡していることを知った訳です。」と、姫野社長は困った顔をして答えた。

「なるほどね、益田さんには奥さんやお子さんがいらっしゃるかどうかご存知でしょうか。」

「私が土地を購入した当時は、益田は結婚をせず、子もいなかったと思います。その後、益田が亡くなるまでの間、どんな暮らしをしていたか分かりません。先生、売主の益田が亡くなってしまった以上、所有権移転登記手続はできないのですか。」

「益田さん、まず土地売買契約書を見せてください。」と、河合弁護士は言って姫野社長が持参した土地売買契約書を確認した。

土地売買契約書には、売主は買主に対し、土地の所有権移転登記手続をする旨の定めがあった。

「土地売買契約を締結した売主の益田さんは、土地の所有権移転登記手続をする義務を負っていたのですが、その義務の一部を履行しないまま死亡し、相続が発生したことになります。そのため益田さんの法定相続人は所有権移転登記手続をする義務を包括的に承継している（民法八九九条）可能性があります。」と、河合弁護士は説明した。

「益田の法定相続人は、どなたになるのでしょうか。」と、姫野社長が訊ねた。

「益田（被相続人）さんの配偶者は、常に相続人になり、益田さんの子も相続人となります[注1]。益田さんに子がいない場合は、益田さんの直系尊属が、直系尊属がいない場合は益田さんの兄弟姉妹が相続人となります。」と、河合弁護士が解説した。

日本の戸籍制度

「なるほど、良く分かりましたが、私には益田の親族関係がどのようなものだったのか知ることもできません。何か調べる方法はあるのでしょうか。」と、姫野社長は訊ねた。

「戸籍を見れば、親族関係が分かります。戸籍とは、夫婦及び氏を同じくする子ごとに編製されるもので、出生から死亡に至るまでの身分上の重要な事項を公証する公簿です。戸籍の正本は、市区町村役場に保存されています。私たちが必要に応じて取り寄せるのは、戸籍謄本です。現在の正式名称は、「戸籍全部事項証明書」といいます。」と、河合弁護士は丁寧に説明した。

「確かに、普段何気なく戸籍は取るのですが、よく見たことがありませんでした。戸籍制度は、どのような仕組みなのでしょうか。」と、姫野社長は興味深そうに質問した。

「人が出生すると、親の戸籍に入籍します。その後、結婚すると、親の戸籍から除かれます。これを除籍といいます。そして配偶者と新しく戸籍が作られます。これを就籍といいます。」

「結婚すると、よく『入籍した』といいますが、本当は正確な言い方ではないのですね。」

「そうですね。他にも、本籍地を別の市町村に変えた場合には、元の戸籍（原戸籍）は除籍され、変更後の市町村で新しい戸籍が作られます。これを転籍といいます。実は、新しい戸籍が作られると、もとの戸籍に記載された内容のすべてが移されるわけではないのですよ。」

「そうすると、一つの戸籍全部事項証明書で、出生からのすべての内容が分かるわけではない、ということでしょうか。」

「そのとおりです。今回のような相続人を確定するためには、現在の戸籍から、被相続人が出生したときの戸籍まで遡って調査する必要があります。例えば、被相続人が結婚し、子が生まれた後、子の親権を元配偶者にして離婚し、再婚したような場合、新しい戸籍だけでは、子の記載がないことがあります。そうすると、新しい戸籍だけでは、子がいるかどうか分からないことになるのですよ。」

河合弁護士の説明が続く。

「他にも、婚姻、死亡、転籍などによって、その戸籍に記載されている全員がその戸籍から除かれた場合、戸籍が戸籍簿から除かれて除籍簿に移され、戸籍謄本は除籍謄本となります。ですから戸籍簿にはない身分関係が除籍謄本に記載されている可能性がありますので、除籍謄本も取り寄せなければ、すべての身分関係を知ることはできないことになっています。(注2)」

姫野社長が質問する。

「益田の戸籍謄本を、私が取ることはできるのでしょうか。個人情報ですし、親族でもない、赤の他人である私でも取れるのでしょうか。」

「戸籍に記載されている事項は、もちろん個人情報ですので、戸籍謄本等を取得できるのは、戸籍に記載された本人、その配偶者、直系親族(「直接的に親子関係でつながっている系統」、つまり、両親、祖父母、子などの世代が上下に直線的に連なっている親族のことをいう。）に限られており、それ以外の人が請求する場合には、正当な理由を明らかにする必要があります（戸籍法一〇条、一〇条の二、一二条の二）。したがって、益田さんの戸籍謄本を姫野さんが取り寄せるには、正当な理由が必要となるのです。」

「先生、私には、そのような手続をすることは難しいので、親族関係の調査や益田の親族に対する登記手続の請求をお願いしたいのですが、可能でしょうか。」

「承知しました。弁護士は、業務の遂行に必要な場合に、利用目的を明らかにすることを条件として、日本弁護士連合会が定めた様式の戸籍謄本等職務上請求書により、職務上請求を用いることができる場合があります（戸籍法一〇条一項又は一〇条の二第一項）。こちらで調査を進めたいと思います。」

そう言って、河合弁護士は事件を受任した。

親族関係の調査

早速、河合弁護士は益田信男の親族関係を調査し、その調査結果に基づいて次の図のような親族関係図を作成した。

河合弁護士は、親族関係図をもとに淀屋総合法律事務所で姫野社長と打合せをした。

「益田さんの親族関係を調査したところ、親族関係図のとおりとなりました。非常に複雑ですが、説明したいと思います。まず、益田信男さんの出生時から死亡時までの戸籍謄本等を取り寄せたところ、益田信男さんは生涯独身のようで、お子さんもいないことが分かりました。」

「そうしますと、益田信男の相続人は、直系尊属となるのでしょうか。」

「はい。民法上は信男さんの直系尊属が法定相続人となりますが、益田さんの死亡前に、ご両親はお亡くなりになられていました。ただ、信男さんには、益田健志郎と益田三平というご兄弟がおられたので、信男さんの相続が発生すると、二人が法定相続人になります。」

「先生、相続関係図を拝見していますと、益田信男の死亡後、健志郎さんと三平さんは死亡していますね。この場合はどうなるのでしょうか。」と、姫野社長は訊ねた。

「信男さんの遺産は健志郎さんと三平さんに承継されますが、その後、二人とも亡くなったため二人の相続が発生しますので、今度は、二人の親族関係を調査する必要があることとなりますね。」

「なるほど、よくニュースで、相続人が膨れ上がるという話を聞いたことがありますが、このような事態のことを言うのですね。先生、健志郎さんや三平さんの親族関係はどのよ

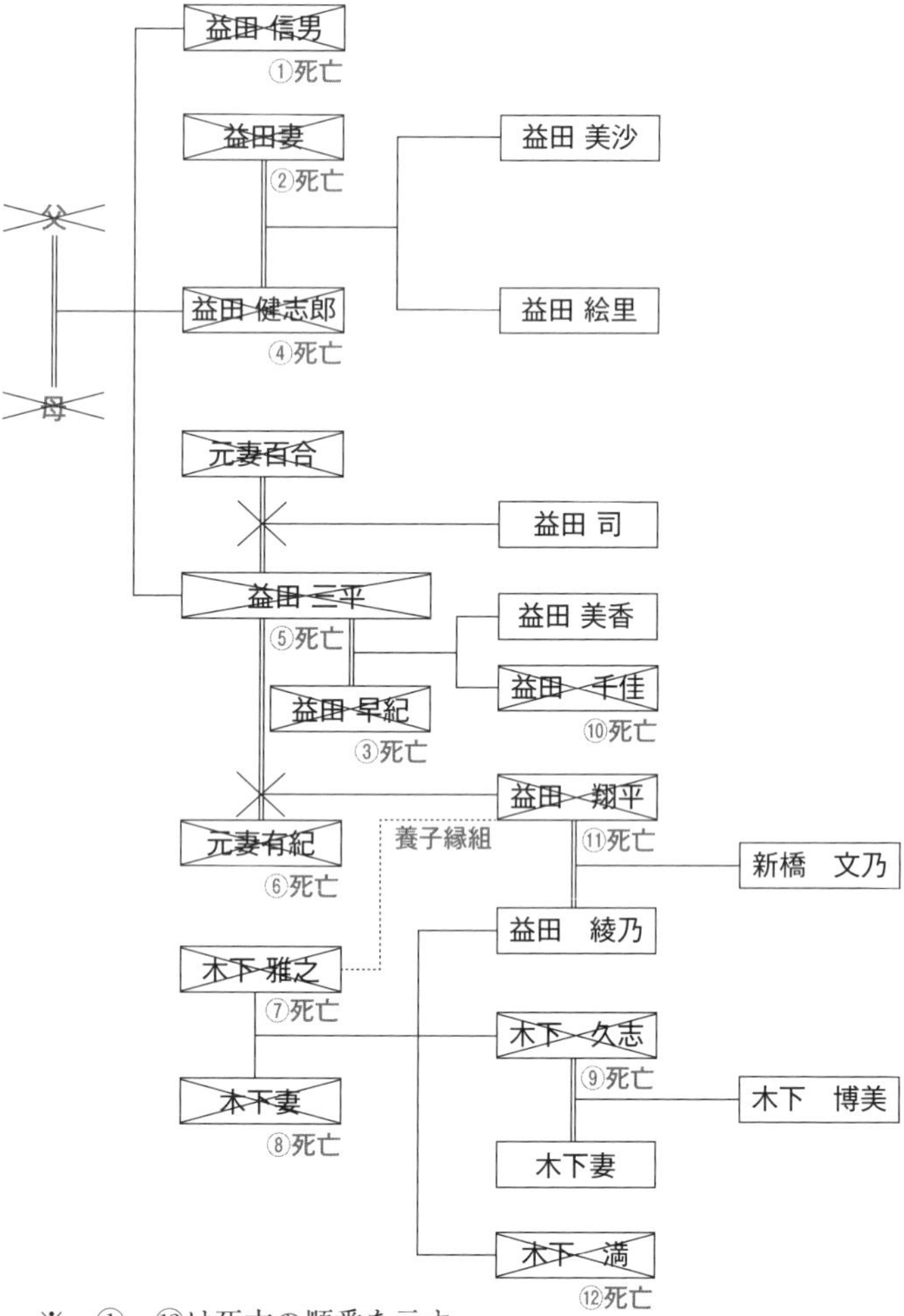

※　①～⑫は死亡の順番を示す。

うになっているのでしょうか。」

「健志郎さんには、益田美沙、益田絵里のお子さんお二人がいましたので、このお二人が健志郎さんの法定相続人となります。三平さんも三回ご結婚されていたようです。元妻有紀さんとの間に益田翔平さん、元妻百合さんの間に益田司さん、亡妻早紀さんとの間に益田千佳さんと益田美香さんがいたことが分かりました。そのため、法定相続人は、翔平さん、司さん、千佳さんと美香さんになりますが、三平さんの死亡後、千佳さんは生涯独身で、子もないまま、亡くなられています。翔平さんは妻の綾乃さんと子の新橋文乃さんを残して亡くなられたようですね。」と、河合弁護士が調査結果を説明した。

「そうすると、翔平さんの相続が発生し、法定相続人は益田綾乃さんと新橋文乃になるのでしょうか。」

「そのとおりです。以上の親族関係を踏まえると、信男さんの遺産を相続したのは、益田美沙、益田絵里、益田司、益田美香、益田綾乃と新橋文乃となりますね。」

「そういうことですか。先生、大変複雑な相続関係を調査していただき、ありがとうございました。法定相続人が分かった今、どのように対応したらよいのでしょうか。」

「信男さんの法定相続人に対し、所有権移転登記手続をする義務を履行するよう、求めることになりますね。まずは、当方から相手方にその旨の通知書を出して、早期に協力してもらえるようにお願いしましょう。」と、河合弁護士は姫野社長に提案し、訊ねた。

「益田信男さんには、借金があるといった情報はありますか。」

「既にお話ししているように、益田は生活に苦しかったので私に土地を売ることになった訳ですが、実際のところ借金を背負っていたのかどうかは分かりません。先生、借金を背負っていることと、今回のこととは何か関係があるのでしょうか。」

「三平さんは生前、離婚と再婚を繰り返していたようですし、美香さんや綾乃さん、そして新橋文乃さんといった方も、信男さんに相続が発生したことを知らない可能性も否定できないと思います。そのような状態で、信男さんが多額の債務を負っていた場合には、相続人が相続放棄をする可能性があります。それで念のためお訊きした次第です。ただ、移転登記手続を履行してもらうよう通知をしなければ、その辺りの事情は分からないところではありますので、ひとまず、通知書を出すしかないのです。」

以上の打合せを踏まえて河合弁護士は、早速、法定相続人全員に対し、益田信男が死亡したことと益田信男の法定相続人になったことと併せ、姫野稔に対する所有権移転登記手続をする義務を履行するよう求める旨の通知書を送付した。

更なる親族関係の調査

河合弁護士が法定相続人に対し通知書を送付して三週間後に、新橋文乃から、通知書を受け取り、初めて益田信男が死亡したことを知って調査した結果、益田信男に多額の借金があることが判明したため、相続放棄（注3）の申述をした旨の連絡があった。

河合弁護士は、姫野社長に新橋文乃からの連絡内容を報告した上、益田翔平の親族関係調査を進めた上で、淀屋総合法律事務所で姫野社長と打合せをした。

「先生、その後の経緯をお聞かせいただく前に私から報告があります。」

そう言って、姫野社長が話し始めた。

「前回の打合せで話があったとおり、益田信男には多額の借金があったようですね。私の方でも調べたところ、益田は生活苦で消費者金融から多数回、借入れをしていたようです。新橋文乃さんが相続放棄をしたのも、仕方のないことだと思います。新橋文乃さんが相続放棄をした結果、益田翔平さんの法定相続人は変わることとなるのでしょうか。」と、

河合弁護士は相続関係図を見ながら説明した。

「はい、相続放棄をすると、初めから相続人とならなかったことになります。そのため、

翔平さんの妻の綾乃さんと、翔平さんの直系尊属が法定相続人となりますが、三平さんとその妻は翔平さんの死亡前に亡くなっているので、翔平さんの兄弟が法定相続人となりますね。まずは、翔平さんの兄弟の司さんと美香さん、翔平さんの妻の綾乃さんが法定相続人となりますが、今回、新橋文乃さんの相続放棄を踏まえ、翔平さんの戸籍謄本等を確認したところ、翔平が木下雅之さんと、生前養子縁組をしていて、雅之さんには綾乃さんの他に木下久志さんと木下満さんという子がいたことが分かりました。つまり、翔平さんには養父を通じて兄弟がいたこととなりますね。(注4)」

「そうなのですか。養子縁組関係から、兄弟姉妹が登場することになるのですか。かなり複雑な親族関係ですね。」

「はい、更に申し上げると、久志さんとその奥さんは翔平さんの死亡時に既に亡くなっており、久志さんには木下博美さんという子がいることが判明しました。他方、満さんも翔平さんの死亡後に亡くなっていて、満さんには配偶者も子もいないことも分かりました。」

「そうすると、結局、益田翔平さんの法定相続人は、どなたになるのでしょうか。」と、やや しびれを切らした感じで姫野社長が訊ねた。

河合弁護士は、一息置いて、相続関係図を見せながら説明を始めた。

「まず、従前から判明していた、翔平さんの兄弟の司さんと美香さん、そして翔平さんの妻の綾乃さんが法定相続人となりますね。加えて、木下博美さんが木下久志さんの代襲相続人となります。(注5) さらに、満さんの相続が発生しますが、配偶者も子もいませんので、兄弟姉妹である綾乃さん、久志さん、翔平さんが相続人となりますが、翔平さんは満さんの死亡前に既に亡くなっているので、新橋文乃さんが代襲相続人となります。新橋文乃さんは、満さんの相続放棄をしたわけではありませんので、相続人となってしまうわけですね。また、木下久志さんも満さんの死亡前に亡くなっているので、木下博美さんが代襲相続人となります。」

「最終的に、益田信男の遺産は誰が相続していることとなるのでしょうか。」

「益田美沙、益田絵里、益田司、益田美香、益田綾乃、新橋文乃、木下博美の七人となります。二重、三重の相続が発生していることとなりますね。」と、河合弁護士が結論を述べた。

「非常に複雑ですね。」

「はい、相続事案は、時間が経過すればするほど、複雑になる可能性が高いのです。」

「分かりました。それでは、改めて、法定相続人に通知書を送っていただけませんか。」

と、姫野社長は頭を下げた。

後日、河合弁護士は、通知書を送付した法定相続人全員と連絡を取ったところ、木下博美から、相続放棄の申述をした旨の連絡があったが、その他の相続人は相続放棄をすることを明言しなかった。

そこで、法定相続人全員に、姫野稔と益田信男との間で締結した土地売買契約書の写しを同封し、印鑑登録証明書や本人確認書類の提出と共に所有権移転登記手続に協力する合意書への署名押印をお願いする旨の依頼書を送付した。その結果、法定相続人から署名押印済みの合意書や印鑑登録証明書等の登記手続必要書類を提出してもらい、無事に所有権移転登記手続を終えることができた。

（注1）ただし、民法八九一条に定める欠格事由、民法八九二条に定める廃除事由に該当する場合は、相続人となることができない。

（注2）その他、除籍の保存期間が経過し、破棄されてしまった場合、戦火や火事などにより古い除籍簿等が焼失、滅失した場合は、市区町村役場で告知書を作成してもらえるケースがある。この告知書によって、戸籍の連続性が把握することができる。

（注3）相続放棄とは、積極財産と消極財産のすべての承継を拒否することである。相続を放棄すると、初めから相続人とならなかったことになるため（民法九三九条）、被相続人が残した消極財産（負債）からも解放されることになる。他方で、相続放棄をすると、積極財産（例えば、被相続人の残した家等）があっても相続することができなくなる。

相続放棄は、相続人が自己のために相続の開始があったことを知った時から三か月以内にしなければならない（熟慮期間という。民法九一五条一項）。三か月を経過すると、単純承認したことになる（民法九二一条二号）。「相続人が自己のために相続の開始があったことを知った時」について、最高裁は、「民法九一五条一項本文が相続人に対し単純承認若しくは限定承認又は放棄をするについて三か月の期間（以下「熟慮期間」という。）を許与しているのは、相続人が、相続開始の原因たる事実及びこれにより自己が法律上相続人となつた事実を知つた場合には、通常、右各事実を知つた時から三か月以内に、調査すること等によつて、相続すべき積極及び消極の財産（以下「相続財産」という。）の有無、その状況等を認識し又は認識することができ、したがつて単純承認若しくは限定承認又は放棄のいずれかを選択すべき前提条件が具備されるとの考えに基づいているのであるから、熟慮期間は、原則として、相続人が前記の各事実を知つた時から起算すべきものであるが、相続人が、右各事実を知つた場合であつても、右各事実を知つた時から三か月以内に限定承認又は相続放棄をしなかつたのが、被相続人に相続財産が全く存在しないと信じたためであり、かつ、被相続人の生活歴、被相続人と相続人との間の交際状態その他諸般の状況からみて当該相続人に対し相続財産の有無の調査を期待することが著しく困難な事情があつて、相続人において右のように信ずるについて相当な理由があると認められるときには、相続人が前記の各事実を知つた時から熟慮期間を起算すべきであるとすることは相当でないものというべきであり、熟慮期間は相続人が相続財産の全部又は一部の存在を認識した時又は通常これを認識しうべき時から起算すべきものと解するのが相当である。」と判示している（最二小判昭和五九年四月二七日・民集三八巻六号六九八頁）。実務においても、上記の判例が踏襲されているが、熟慮期間の起算点については、具体的事案ごとに判断されている。

（注4）法定相続人としての子は、実子と養子、既婚と未婚、戸籍の異同、親権・監護権の有無、摘出と非摘出の別、国籍の有無は、子の相続人たる地位に影響を与えないとされている（中川善之助＝泉久雄編『新版 注釈民法（26）相続（1）相続総則・相続人§八八二条～八九五条』（一九九二年、有斐閣）、二二二頁参照）。また、養子相互も、実子と養子の間も、すべて兄弟姉妹であり、第三順位の相続人となす（同二六二頁参照）。

（注5）相続人となる者が相続開始以前に死亡し、又は一定の事由（相続欠格、廃除）によって相続権を失った場合、その相続人の直系卑属が、その相続人に代わって、その者の受けるべき相続分を相続すること（民法八八七条二項、八八九条二項）をいう。代襲される者は、被相続人の子及び兄弟姉妹に限られる。また、代襲相続人となるのは、被代襲者の直系卑属（すなわち、被相続人の子の子、または兄弟姉妹の子）である。

〔河原　里香〕

相続税法

「遺産隠し」

突然の相談依頼

柳生弁護士がRホテルでのロータリークラブの例会に出席した。帰り際、ロビーで木村玲子から声を掛けられた。彼女は柳生弁護士とは同じゴルフ倶楽部のメンバーである。

「先生、木村です。実は、今年の四月に亡くなった母の相続の件で、ご相談に乗っていただきたくて、ちょうど書類を揃え、お電話をしようと思っていたのです。」

「それはお気の毒に、お悔やみ申し上げます。今日の午後は私の予定が入っていませんので、木村さんさえよろしければ、私の事務所まで来ていただけますか。」と、柳生弁護士が誘った。

「ありがとうございます。お言葉に甘え、お伺いします。」

　こうして、柳生弁護士は淀屋総合法律事務所の応接室で、木村さんの相談に対応することになった。

遺産分割協議

「まず、お母様の遺産を相続する相続人は、木村さんのほかに、どなたがおられますか。」と、柳生弁護士が切り出した。

「相続人は、父が五年前に他界していますので、私と兄の天野正人の二人です。母は、生前、麻布の兄の家で兄夫婦と同居していまして、兄夫婦が母の身の回りの世話をしてくれていました。私は結婚後、ずっと神戸に住んでいたこともあって、母のことは兄に任せきりだったのです。この夏、母の初盆の法要のために兄の家に行ったときに、兄から母の遺産の話が出たのです。」と、木村がこれまでの経緯を説明した。

「なるほど、それでご相談されたいことというのは、どのようなことですか。」と、柳生弁護士が訊ねた。

「今申し上げたようなことで、母の遺産があるのか、ないのかも、私にはさっぱり分からなかったのですが、母の法要が済んだあと、兄から母名義の銀行預金通帳のコピーと遺産分割協議書を渡されましてね。兄が私に『母の遺産は銀行預金六〇〇〇万円しかない。この書類がないと、銀行で預金の払出し手続もできない。ここにサインしてほしい。』などと言われました。それで仕方なく、遺産分割協議書にサインをしました。ただ、父は、大手上場企業の役員でしたので、麻布の家や土地のほかにかなりの資産を持っていました。父の相続のときに、兄が麻布の家と土地を相続する代わりに、父名義の債券や預金はほとんど母名義にしたと兄が言っていました。ですから、母はかなりの父の遺産を相続したはずです。母の質素な生活ぶりからすると、母の遺産が銀行預金六〇〇〇万円しか残っていないということは考えにくいのですが……。」

「木村さんが置かれている状況はよく分かりました。確認しておきますが、お母様の遺言はありましたか。」

「遺言書はなかったと兄は言っていました。(注1)」

「そうですか、もし、今、遺産分割協議書をお持ちなら、拝見してもよろしいでしょうか。」と、柳生弁護士が訊ねた。

木村は、「これです。」と言って、カバンから遺産分割協議書のコピーを取り出し、柳生弁護士に見せた。

柳生弁護士が確認したところ、相続人二人の署名押印があり、印鑑登録証明書も添付されていた。

遺産分割協議では、①相続人の範囲を確定し、②各相続人の相続分を確定し、③遺産の範囲を確定し、④遺産の評価額を決め、各相続人が取得する遺産について合意する。協議が整って最終的な合意が成立した場合には、遺産分割協議書を作成し、これに相続人全員が署名して実印を押印し、印鑑登録証明書を添付するというのが一般的な手順である。なお、任意に協議がまとまらない場合には、家庭裁判所に遺産分割調停の申立てを行うことになる（民九〇七条二項）。

協議によって遺産分割の合意がなされた場合、その効力は相続開始時に遡って生じる（民九〇九条本文）。これを遺産分割の遡及効といい、これにより、相続開始によって生じていた遺産の共有状態は解消され、相続開始時に遡って、各相続人が遺産分割協議の内容に従って遺産を所有することが法的に確定する。

不明な出金

「なるほど、遺産分割協議書は有効に作成されています。内容を見ますと、預貯金は法定相続分に従って二分の一ずつ相続するとされていますが、その他の遺産はお兄さんが相続することになっています。これだと後で遺産が見つかった場合に、木村さんには相続の権利がないということになってしまいますね。」と、柳生弁護士は言った。

「その他の遺産というのは自宅の動産類で、これは兄が責任をもって処分するので任せてもらいたいと言っていました。」と、木村が説明する。

それを聞いて嫌な予感がした柳生弁護士は、次のように訊ねた。

「お兄さんから預金通帳のコピーも渡されたと言っておられましたね。それもお持ちですか。」

木村は、カバンから、預金通帳のコピーを取り出して見せた。

柳生弁護士が、そのコピーを念入りに確認すると、A銀行が定期預金三〇〇〇万円、普通預金残高五〇〇万円、B銀行が定期預金二〇〇〇万円、普通預金残高五〇〇万円となっていたが、直近の取引明細を見ると、把握できただけでも数百万円単位で数多くの出金がなされていた。

「直近でかなりの金額が出金されていますので、お兄さんが現金で保管されている可能性がありますね。これは更に調べる必要があると思います。木村さんの方で、銀行に過去一〇年間の取引履歴を照会してもらえませんか。相続人であれば、相続関係を証明する書類を持参すれば、銀行が簡単に応じてくれますよ。」と言って、柳生弁護士は銀行照会を提案した。

「分かりました。早速、銀行に問い合わせてみます。」と、木村が答えた。

遺産分割のやり直し

「ところで……、もし母の遺産の現金が見つかった場合ですが、遺産分割をやり直してもらえるのでしょうか。」と、木村は少し言いにくそうに質問した。

「遺産分割のやり直しは、原則として認められませんね。例えば、遺産分割協議が成立した後、共同相続人の一人が分割協議で他の相続人に対して負担した債務（例えば、不動産を取得するのに併せて残された親の介護をするという債務）を履行しなかった場合であっても、他の相続人は遺産分割の解除（民法五四一条）をすることができないとされています。これを認めると権利関係の安定性が害されるという理由です。(注2) もっとも、少し専門的な話になって恐縮ですが、遺産分割の合意についても、意思表示の瑕疵に関する民法の規定が適用されます。例えば、相続人が、遺産分割協議で、実際は多額の相続財産があるのに、それがないものと誤解し、その誤解に基づいて遺産分割の合意がなされた場合には、誤解があった相続人から錯誤（民法九五条一項）に基づく遺産分割の取消しを請求することができる余地がありますね。」と、柳生弁護士は解説した。

「そうすると、私は兄から預金通帳のコピーを渡され、その預金以外に目ぼしい財産がないと思い込んでいた訳ですから、遺産分割の取消しが認められることになるのでしょうか。」

「相続人に何らかの誤解があったとしても、安易に遺産分割の取消しを認めると権利関係が不安定な状態になりますので、取消しが認められるためには重要な錯誤が必要とされています。(注3)誤解がなければそのような遺産分割はしなかったであろうと通常認められ、これを取り消さないと相続人間の公平が図られない場合に限って、錯誤に基づく遺産分割の取消しが認められると解されています。木村さんの場合、遺産分割の取消しが認められ、遺産分割をやり直す余地は十分あると思いますよ。(注4)」と、柳生弁護士は肯定的な意見を述べた。

「分かりました。それでは後日、銀行の取引履歴を持参させていただきます。今日はありがとうございました。」

そう言って、木村は退室した。

相続財産の調査

一か月後、木村は、銀行から取り寄せた取引履歴を携えて淀屋総合法律事務所を再訪し、柳生弁護士に次のように言って、現況を報告した。

「先生、取引履歴を確認して、本当にびっくりしました。過去何年にもわたって、とても大きな金額が引き出されていたのです。慌てて兄に使途を訊ねましたが、母が使ったので知らないとの一点張りでした。具体的なことは何も教えてもらえず、結局、それ以上のことは分からなくて困っています。」

「どれどれ、確かに、過去数年間にかなりの頻度で数百万円単位の出金がなされていますね。合計すると軽く一億円を超えるようですが、お母様の生活ぶりからするとこれだけの金額の現金を使い切れるはずもありませんね。お兄さんの自宅か、あるいはお兄さんの貸金庫に現金が隠されている可能性が高いですね。それを確認する手段は何かありませんか。」

「兄の家ですし、中に入って探すということもできません。こういう場合、裁判所に確認してもらうことはできないものでしょうか。」

「裁判所の調査権限は限られていますので、難しいですね。」

がっかりと肩を落とした木村を励ますように、柳生弁護士が言った。

「実はひとつ手段があります。」

「といいますと？」

「税務署ですよ。脱税しているとの合理的な疑いがある場合、それに関する情報を提供することで税務署による調査を促すことができますね。」と、柳生弁護士は説明した上で、訊ねた。

「相続税法上、相続財産が一定の金額を超えると相続税の申告納税が必要になります(注5)が、相続税の申告は済まされていますか？」

「はい。相続開始から一〇月以内という期限があると聞いておりましたので、既に遺産分割による預金だけの相続税の申告をしています。申告は兄が依頼した税理士さんに兄と一緒にしてもらいましたので、兄も同じ内容になっていると思います。」

「そうすると、現金が申告漏れになっている可能性があるので、税務署に情報提供する価値がありそうだね。ただ、留意していただきたいのは、税務署に情報を提供しても必ず調査が実施されるとは限らないこと、また、調査の結果、隠している遺産が必ずしも見つかるとは限らないこと、更に隠された遺産が判明した場合は他の相続人、つまり木村さんにも追徴課税がなされるということです。」

「遺産を隠していない私にも追徴課税がなされるのですか。」と、木村は不満そうに訊ねた。

「はい、相続税の仕組みがそのようになっているのです。その点は十分にご理解いただく必要がありますね。」と、柳生弁護士が言った。

「分かりました。それでは、先生、税務署に情報提供する方向で進めていただければと思います。」

申告漏れと附帯税

柳生弁護士は、銀行の取引履歴を詳細に分析し、使途不明となっている出金の一覧表を作成した上で、木村の代理人として所轄S税務署に情報提供を行った。

その後、S税務署は木村のお兄さんに対する税務調査を実施した。その旨、S税務署から木村に連絡があった。

木村は、淀屋総合法律事務所を訪れ、柳生弁護士に報告した。

「先生、税務調査で兄の自宅に隠されていた現金が一億六〇〇〇万円も見つかりました。

兄も観念したのか、特に異議を述べることもなく、遺産分割をやり直し、遺産の現金を二分の一ずつ分けることができました。」

「それは良かったですね。相続税の修正申告も済まされましたか。」

「はい。すぐに修正申告をして納税も済ませましたので、ほっとしていたのですが、先日、税務署から過少申告加算税や延滞税の通知が届いたのです。私が遺産を隠していたわけではないのに、この税金も支払う必要があるのでしょうか。」と、木村が質問した。

「加算税や延滞税は附帯税といって、本税に加えて納める必要がある税金です。延滞税については遅延利息に相当するものであって、その支払義務が生じるのはやむを得ないことです。(注6) また、過少申告加算税については、調査通知前に自主的に申告をした場合には免除されるという特則があります（国税通則法六五条五項）が、今回は調査通知後ですので、この特則は適用されないと思います。ただ、申告漏れとなっていたことについて正当な理由があると認められる場合には、加算税が課されないという特則もあります（同条四項一号）。加算税は適切な申告を促すための一種の行政制裁ですので、他の相続人が隠していた遺産について期限までに申告することができなかった場合にまで加算税を課すというのは制度趣旨に合致しないとも考えられます。勝てるかどうかは分かりませんが、よろしければ、過少申告加算税について不服申立てをして争ってみましょうか。」と、柳生弁護士が詳しく説明し、不服申立てを受任する意向を示した。

「いいえ、そこまでご迷惑をかけるわけにはいかないので、今回は納得してお支払いすることにします。」

「そうですか。不服申立ては処分の通知日から三か月以内する必要があります（国税通則法七七条一項）ので、もし、お気が変わられたら、直ぐに知らせてください。」

「分かりました。いろいろとご親切にありがとうございました。」

そう言って、木村はお辞儀をして帰って行った。

（注1）相続は人の死亡によって開始し、その相続人が被相続人の財産を包括承継するが、相続人が複数ある場合には相続財産は共有となる（民法八九八条）。そこで、遺産分割の手続が必要となるが、遺言がある場合は遺言に従って遺産を分割し、遺言がない場合は相続人の間で遺産分割協議を行うことになる（民法九〇七条一項）。

（注2）最一小判平成元年二月九日・民集四三巻二号一頁は、「共同相続人間において遺産分割協議が成立した場合に、相続人の一人が他の相続人に対して右協議において負担した債務を履行しないときであっても、他の相続人は民法五四一条によって右遺産分割協議を解除することができないと解するのが相当である。けだし、遺産分割はその性質上協議の成立とともに終了し、そ

の後は右協議において右債務を負担した相続人とその債権を取得した相続人間の債権債務関係が残るだけと解すべきであり、しかも、このように解さなければ民法九〇九条本文により遡及効を有する遺産の再分割を余儀なくされ、法的安定性が著しく害されることになるからである。」と判示する。

（注3）平成二九年民法（債権法）改正前の裁判例であるが、大阪高決平成一〇年二月九日・家裁月報五巻六号八九頁、東京地判平成一一年一月二二日・判例時報一六八五号五一頁などでは、遺産分割において重要な錯誤があった場合に、錯誤無効の主張が認められている。改正民法九五条一項は、①意思表示に対応する意思を欠く錯誤、②表意者が法律行為の基礎とした事情についてのその認識が真実に反する錯誤による意思表示は、その錯誤が法律行為の目的及び取引上の社会通念に照らして重要なものであるときは、取り消すことができると規定し、法的効果が無効から取消し可能に変更され、二つの錯誤があることが明記された。

（注4）相続税の申告後に、遺産分割に重要な錯誤があり、錯誤による取消しが認められる場合、更正の請求等をすることになる。詳細は、木村浩之『新版 基礎から学ぶ相続法』（二〇二二年、清文社）一〇九頁以下参照。

（注5）正味の遺産額が基礎控除額を超える場合に相続税の申告及び納税が必要となる。「正味の遺産額」とは、遺産総額と相続時精算課税の適用を受ける贈与財産の合計から、非課税財産（相続税法一二条）並びに葬式費用及び債務を控除し（同法一三条）、相続開始前三年以内（令和五年度税制改正後は七年以内）の贈与財産を加えたものをいう。「基礎控除額」は、三〇〇〇万円＋（六〇〇万円×法定相続人の数）の算式で計算する（同法一五条）。

（注6）　最二小判平成二六年一二月一二日・民集二四八号一六五頁は、相続人の納税者が、相続税の法定申告期限までに申告及び納付をしたところ、申告に係る相続税額が過大であるとして更正の請求をし、税務署長が相続財産である土地の評価の誤りを理由に減額更正をし、これにより減額された税額に係る部分につき還付加算金を加算して過納金を納税者に還付した後、税務署長は、再び相続財産である土地の評価の誤りを理由に納付をした税額を超えない額で増額更正をし、当時の通則法（平成二三年法律第一一四号による改正前のもの）六〇条一項二号、二項及び号六一条一項一号に基づき、当該増額更正により新たに納付すべきこととなった本税額の納付期限までの期間に係る延滞税の納付を催告した事案につき、延滞税の趣旨及び目的に照らし、延滞税の発生は法において想定されていないものとして、当該延滞税は発生しない旨判示しているが、かなり限定的な事例である。

なお、本判決を受け、平成二八年に通則法が改正され、本件のような場合を含め、延滞税の計算期間から除算する期間について特例が設けられたため（通則法六一条二項一号、二号参照）、現在ではこのような問題は生じない。

〔木村　浩之〕

国税徴収法

「事業再生と第二次納税義務」

事業再生の相談

淀屋総合法律事務所は、金融機関のクライアントが多く、倒産事件に強いことでも有名だ。

柳生弁護士のもとに、金融機関からの紹介で、経営破綻に瀕している会社の事業再生についての相談が舞い込んだ。その会社は、岡山県内で旅館事業を中心に営む老舗企業「桃山観光開発株式会社」という。

早速、柳生弁護士は、会社代表者である桃山社長に事務所まで来てもらうように伝えた。相談には、事務所内で倒産事件を得意とする中堅弁護士の北山一樹弁護士と、事業会社での勤務経験もある樫木時夫弁護士に同席してもらうことにした。

相談の日、淀屋総合法律事務所を訪れた桃山社長は、初めて会う柳生弁護士らに丁重に挨拶をした。

「桃山観光開発の桃山です。この度はご多忙のところ、お時間を割いていただき誠にありがとうございます。」

「弁護士の柳生です。今日同席してもらった北山弁護士と樫木弁護士です。北山弁護士は事業再生のエキスパートです。樫木弁護士は事業会社で勤めていたこともある弁護士ですので、本件に適任と考えています。早速ですが、御社の現状についてお話しいただけますでしょうか。」

「はい。弊社は私の祖父が創業し、岡山の桃山温泉で旅館事業を中心に営んできました。本業の旅館事業は堅調に推移していたのですが、私の代で多角経営に乗り出したのが失敗でした。飲食事業に手を出して以降、旅館事業の黒字が飲食事業の赤字ですべて無くなるといった有様でした。それでも何とか挽回しようと、新規出店のために借金を重ねたところに、コロナ禍で全く採算が取れなくなってしまいました。」と、桃山社長が現状を説明した。

「借入れはどの程度あるのですか。」と、柳生弁護士が訊ねた。

「借入れが累計で数億円あり、銀行には何度もお願いをして返済のリスケジュールに応じてもらってきたのですが、ここにきて返済の目途が立たなくなり、いよいよ債務の整理が必要になったという次第です。」

「なるほど。このままだと破産申立てをしなくてはいけない状況のようですね。本業の旅館事業もコロナ禍で赤字なのですか。」

「いえ、一時的に売上は減少しましたが、それでも黒字は維持しています。今後、観光客が戻ってくると、更に期待できると思います。祖父の代から続けてきたものですので、何とか旅館事業だけは存続させたいと考えています。」

「そうすると、第三者のスポンサーを見つけてきて、優良事業である旅館事業を承継してもらった上で、不良事業である飲食事業は清算した方が良さそうですね。債権者は銀行以外にありますか。」

「何社かの取引先への買掛金があるほか、法人税や消費税などの国税を滞納している状況です。ただ、主な債権者は銀行となります。」

「そうすると、銀行との間で事業再生に向けたスキームについて協議する必要がありそうですね。北山弁護士はそういったバンクミーティングの経験が豊富ですので、北山弁護士の主導で本件の対応を進めることにしましょう。」

「はい、お任せください。」

北山弁護士は力強くそう言った後、桃山社長にスポンサー探しを依頼した。

「桃山社長の方では、スポンサーになっていただける第三者を探していただけますでしょうか。」

「承知いたしました。」

事業承継の方法

その後、本件の中間報告のため、柳生弁護士の執務室に北山弁護士と樫木弁護士が訪れた。

「柳生先生、本件は順調に進んでおります。桃山社長には旅館経営の経験もある有力なスポンサーを見つけていただき、バンクミーティングでも大まかな再生計画が承認されました。あとは具体的な事業承継のスキームを樫木先生と詰めているところです。樫木先生、事業承継の方法として検討しているところを柳生先生に説明してください。」と、北山弁護士が言った。

「はい。桃山観光開発からスポンサー会社に旅館事業を承継する方法として、事業譲渡（会社法四六七条）と会社分割(注1)が考えられます。事業譲渡と会社分割の大きな違いは、債務や契約上の地位を承継する際に、相手方の承諾が必要か否かであり、事業譲渡の場合は個別の承諾が必要であるのに対して、会社分割の場合はそのような承諾が不要となります。本件では、債権者が銀行のほか、取引先などが含まれており、円滑な事業承継のためには、銀行以外の債権者に知られることなく迅速に手続を進める必要がありますので、会社分割を選択したいと考えています。」と、樫木弁護士は自信ありげに言った。

するると、柳生弁護士は、樫木弁護士にこう訊ねた。

「会社分割というのは、旅館事業を切り出して、同事業に係る権利義務をスポンサー会社に承継させる吸収分割を考えているということかな。」

「はい、そのように考えています。」

「それだと債権者保護のための手続(注2)が必要になるので、一か月以上の公告と個別に知れている債権者に通知が必要ですね。結局は他の債権者にも知られることになりますね。」

「えっと……、申し訳ありません、債権者保護の手続までは考えておりませんでした。」

傍から、北山弁護士が助け舟を出した。

「会社分割でも、債権者保護の手続が不要になる場合があるのではなかったかな。吸収分割ではなく新設分割を用いると、新設会社については債権者がいないので、債権者保護の手続は不要だね。それでは分割会社についてはどうなるか、会社法の条文を確認してみらどうですか。」

樫木弁護士は、慌てて六法をめくりながらこう言った。

「そうでした、新設分割の場合には、会社分割の後に分割会社に対して債務の履行を請求できなくなる債権者が異議を述べることができるとされています。(注3) そこで、新設分割によって新設会社に承継させる債務について、分割会社が併存的に債務引受をすれば、異議を述べることができる債権者がいなくなるので、債権者保護の手続は不要となります。本件では桃山観光開発が旅館事業の受け皿となる会社を新設分割によって設立し、旅館事業に必要な権利義務を承継させた上で、新設会社の株式をスポンサー会社に譲渡することによって事業承継を実現すれば、銀行以外の債権者に知られることなく迅速に手続が進められることになります。」

「その通りだね。」と、柳生弁護士は言った。

北山弁護士と樫木弁護士はほっと胸をなでおろした。

第二次納税義務

安堵の表情を浮かべる二人に、柳生弁護士がこう切り出した。

「さて、桃山観光開発が新設分割によって旅館事業に係る事業用財産を新設会社に移転する場合、桃山観光開発社が滞納している法人税や消費税などの租税債務はどうなるのですか。」

これに北山弁護士が答えた。

「分割契約書で承継する権利義務の対象に租税債務は含めておりませんので、新設会社はこれを承継しないことになると考えられます。」

すると、柳生弁護士が言った。

「国税徴収法三八条を見てごらん。何て書いてありますか。」

「ちょっと待ってください……。樫木先生、六法を貸してもらえますか。」と、北山弁護士が頼み、樫木弁護士から受け取った六法を手に取って、該当条文を読み上げた。

国税徴収法第三八条（事業を譲り受けた特殊関係者の第二次納税義務）

「納税者が生計を一にする親族その他納税者と特殊な関係のある個人又は被支配会社（当該納税者を判定の基礎となる株主又は社員として選定した場合に法人税法六七条二項（特定同族会社の特別税率）に規定する会社に該当する会社をいい、これに類する法人を含む。）で政令で定めるものに事業を譲渡し、かつ、その譲受人が同一又は類似の事業を営んでいる場合において、その納税者が当該事業に係る国税を滞納し、その国税につき滞納処分を執行してもなおその徴収すべき額に不足すると認められるときは、その譲受人は、譲受財産の価額の限度において、その滞納に係る国税の第二次納税義務を負う。ただし、その譲渡が滞納に係る国税の法定納期限より一年以上前にされている場合は、この限りでない。」

柳生弁護士が解説する。

「要するに、三八条は、親族や同族会社など納税者と親近性の強い特殊関係者に事業を譲渡した場合には、滞納処分が困難となる事態が生じるおそれがあることから、納税者が滞納している国税について譲受人が補充的に納税義務を負わされることを定めたものですよ。」

「待ってください。本件は何ら特殊関係のない第三者のスポンサーに事業譲渡するものですから、この規定は適用されないと思いますが……。」と、北山弁護士が慌てて言った。

「確かに、スポンサーの立場からはそうだろうね。ただ、新設分割では、分割会社と新設会社の間で完全支配関係が生じるので、新設会社は分割会社の特殊関係者に該当し、分割会社から新設会社に事業を移転すると、第二次納税義務の適用対象になるという帰結になりませんか。」と、柳生弁護士が指摘した。

「形式的にはそうですが、スポンサーとしては新設会社の株式譲渡の際に事業承継の対価として相当な額を支払います。それにもかかわらず、その譲り受けた新設会社が分割会社の滞納国税について第二次納税義務を負わされるというのでは納得できるはずもなく、これではせっかくの再生計画が台無しになってしまいます。」と、北山弁護士は肩を落とした。

実務上の工夫

「北山先生、第二次納税義務の適用を受けずに済む方法がないわけではないですよ。」と、柳生弁護士が励ますように言った。

「第二次納税義務は『譲受財産の価額の限度』で負うものです。この譲受財産とは譲受けに係る事業に属する積極財産をいうとされている(注4)ので、新設会社が積極財産を承継しなければよいのですよ。本件においては、新設分割では旅館事業に関係する債務と契約上の地位を新設会社に承継させ、新設会社の株式をスポンサー会社に譲渡した後、改めてスポンサー会社あるいは新設会社が桃山観光開発から旅館事業に関係する資産を適正な対価で買い取ればよいのです。この場合には、新設会社は積極財産を譲り受けていないので、第二次納税義務を負わなくてよいことになります。」

「なるほど、新設分割、株式譲渡、資産譲渡という三つの法律行為に分けて事業承継を実現するわけですね。ただ、そのように行為を分けることは課税当局から問題にされないものでしょうか。」と、北山弁護士が質問した。

「もともと、第二次納税義務は、形式的には第三者に財産が帰属している場合でも実質的には納税者に当該財産が帰属していると認めても公平を失しないようなときに、納税者と一定の関係がある者に対して、補充的に納税義務を負担させることで徴税手続の合理化を図るための制度です。(注5)なかでも国税徴収法三八条が定める第二次納税義務については、事業譲渡の際に譲受人が相当の反対給付を支出するものであることから、すべての事業譲渡を適用対象にするのではなく、譲渡人と譲受人に親近性が強く、詐害性が強い場合に限定して適用されるものなのです。(注6)本件のように譲受人が譲渡人と何ら関係のない第三者である場合は、本来第二次納税義務の対象になるものではなく、問題ないといえるのでしょう。実はそのような裁判例(注7)もあるのですよ。」と、柳生弁護士が的確な説明をした。

「確かに、そうですね。ようやく安心しました。本件でも、積極財産の移転は株式を譲渡した後にすることにします。」

「引き続きよろしく頼みますよ。」と、柳生弁護士。

後日談

北山弁護士と樫木弁護士は、本件の終了報告に柳生弁護士の執務室を訪れた。

「先生、お陰さまで無事に終わりました。ところで、第二次納税義務に関する対応も含めた本件の処理が高く評価されたようです。スポンサー会社の社長から、是非、柳生先生を新設会社の顧問にお願いしたいという話がありました。お引き受けいただけますでしょうか。」

「それは嬉しいね。ただ、今回の話は北山弁護士と樫木弁護士が私の代わりに引き受けていただき、今後も旅館事業の再生を支えてあげてください。再生がうまくいけば、一度、みなで桃山温泉にでも行きましょうか。」

「分かりました。その日まで頑張りたいと思います。改めて今回はいろいろとご親切にありがとうございました。」

そう言って、北山弁護士は樫木弁護士とともに深々とお辞儀をした。

（注1）会社分割とは、株式会社又は合同会社が、その事業に関して有する権利義務の全部又は一部を、分割後の他の会社（承継会社）又は分割により設立される会社（設立会社）に承継させることを目的とする会社の行為をいう。

当該権利義務のどの部分が承継されるかは、吸収分割（株式会社又は合同会社がその事業に関して有する権利義務の全部又は一部を分割後他の会社に承継させることをいう。会社法二条二九号）又は新設分割（一又は二以上の株式会社又は合同会社がその事業に関して有する権利義務の全部又は一部を分割により設立する会社に承継させることをいう。同条三〇号）の定めに従って定まる。

（注2）会社法七八九条一項二号、七九九条一項二号参照。

（注3）会社法八一〇条一項二号参照。

（注4）浅田久治郎ほか『租税徴収講座〔改正民法対応版〕3特殊徴収手続』（二〇二〇年、ぎょうせい）一三四頁参照。

（注5）吉国二郎ほか共編『国税徴収法精解　令和三年改定』（二〇二一年、大蔵財務協会）三一八頁参照。

（注6）吉国ほか共編・前掲注（5）一二七〇頁参照。

（注7）高松高判令和四年八月三〇日・判例集未登載。

〔木村　浩之〕

第四部

刑事・行政編

刑法
「すり替え盗」

国選弁護

河合弁護士は、家事専門だが、窃盗未遂事件の国選弁護を受任した。被疑者は、鈴木勇一郎といい、二二歳のフリーターである。

K警察署の接見室で、鈴木と接見し、事件のあらましを聴取した。

鈴木は、市内の賃貸アパートで、ホステスの滝本聖子（当時二五歳）と同棲していた。

ある日、聖子は、スマホでアプリの「テレグラム」（LINEと同じようなSNSサービス）を通じ、いわゆる特殊詐欺グループの受け子募集を知り、鈴木に犯行をそそのかした。

「あんた、最近仕事がないのなら、受け子やってみてらどうなの。簡単に現金が手に入るでしょう。」

鈴木は、犯罪に手を染めることになるので乗り気ではなかったが、聖子に惚れている弱みもあり、断ることもできずに受け子を引き受けることにした。

数日後、特殊詐欺グループの指示役から、鈴木のスマホに「テレグラム」でメッセージが入った。

「仲間が日銀職員を装って、市内西区……のマンション「プレステージ浪華」九〇〇号室の矢崎弘子さんに電話してこちらの用件を伝えています。鈴木さんは、九〇〇号室を訪ね、全国銀行協会の職員になりすまし、矢崎さんに、『日銀職員の代理人として参りました。矢崎さんのクレジットカードが不正に使われそうですので、カードと暗証番号を記載したメモを入れて保管する必要があります。』と言ってください。矢崎さんには、クレジットカードを封筒に入れさせ、その後、鈴木さんが封をし、矢崎さんに『割り印の印鑑が必要です』と言って印鑑を取りに行かせてください。その隙に、別のカード入りの封筒とすり替えて持って帰るだけです。報酬は五万円です。」

鈴木が、「封筒や別のカード入りの封筒は用意してくれるのですか。」と返信すると、指示役から、「明日、鈴木さんの家の近くにある大空書店前の路上に午後一時に来てください。そのときに、山下という男が空封筒とポイントカード入りの偽封筒をお渡ししますので、その足で矢崎さんのマンションに向かってください。受け取ったクレジットカード入りの封筒は、大空書店前で待機している山下に渡してもらえば、引き換えに報酬の現金五万円を差し上げます。」とのメッセージが送られてきた。

当日、鈴木は、指定された時間に、大空書店前に行くと、男が近づいてきて、「山下です。鈴木さんですか。」と、訊くので、「そうです。」と答えた。

男は、空封筒とポイントカード入りの偽封筒を鈴木に手渡し、「マンションの場所は分かるか。」と、確認したので、鈴木が「分かります。」と答えると、男から「ここで待っているから、上手くやれよ。」と励まされた。

鈴木は、マンション「プレステージ浪華」前の路上まで赴いたが、もともと乗り気でないことでもあり、次第に罪悪感が募り出し、「こんなことをしている場合ではない。まともな仕事を探すことが先決だ。」と思い直した。その場から自宅に戻る途中、警察に自首しようと考え、最寄りのK警察署に出頭し、窃盗未遂容疑で現行犯逮捕された。

河合弁護士は、「鈴木は、マンションの前に路上まで赴いただけで、マンションの玄関のインターホンを押していないし、中にも立ち入っていない。これでは窃盗の実行に着手していないので、窃盗未遂罪は成立しない。」と思った。

そこで、鈴木との接見を終えた河合弁護士は、刑事事件に精通する柳生英五郎弁護士の執務室を訪ねた。

罪名

河合弁護士が事件の概要を柳生弁護士に説明した。

「いわゆるキャッシュカードのすり替え窃盗（以下「すり替え盗」という。）の事件ですね。今や、刑法学者の間でも議論が沸騰しているテーマです。」

「そうなんですか。」と、河合弁護士が関心を示す。

「すり替え盗については、かつて、検察実務では詐欺罪で処理されることも多かったのですが、最近では、窃盗罪での事件処理が定着しています。(注1)」

「先生、どうして、詐欺ではなく、窃盗で処理するようになったのですか。その点を解説していただけませんか。」

「まず、詐欺罪について、基本的なことを確認しておきましょう。犯人が、被害者に対し嘘を言って錯誤に陥れ、それに基づき財物を交付（処分）をさせることにより一項詐欺罪が成立します。つまり、その嘘に財物を交付させる内容のもの（これに直接つながるものを含む。）であることが必要とされています。(注2)」

「そこまで、理解できました。」

「では、すり替え盗の事案を時系列で見ることにしましょう。

① 警察官や日銀職員等を装った架け子が被害者に電話で、被害者宅に間もなく訪れる金融庁職員や全国銀行協会職員等を装った受け子が持参した封筒にキャッシュカードと暗証番号を記載したメモを入れて保管する必要があるなどと、すり替え盗の犯行計画を実現するための一連の嘘を述べる。

② 受け子が空封筒と偽封筒を持って被害者宅付近まで赴く。

③ 受け子が被害者宅を訪れる。

④ 被害者宅で、被害者に用意させたキャッシュカードを空封筒に入れて封をした上、割り印の印鑑が必要である旨嘘を言って被害者にそれを取りに行かせるなどして被害者の注意をそらす。

⑤ 被害者が離れた隙に、受け子がキャッシュカード入りの封筒と偽封筒とをすり替える。

⑥ 受け子がキャッシュカード入りの封筒を持ち去る。

というように分解・整理できますね。」

「なるほど、そうすれば、説明しやすいですね。」

柳生弁護士は、一息置いて解説する。

「確かに、架け子が①で嘘を述べていますが、④の時点では、キャッシュカードはなお、被害者の占有支配内にあると考えられますし、⑤や⑥の時点で、被害者はカードの占有を失ったという認識がありません。そうすると、被害者がカードの占有を犯人に移転する行為（交付行為）が存在しませんね。結局、受け子によるすり替え行為により、カードの占有が奪われていますので、窃盗罪が成立することになります。更に言えば、④注意をそらすための受け子の嘘は、カードの交付（処分）を導くものとはいえず、詐欺罪の欺罔行為に該当しないからです。(注3)」

「良く分かりました。」

実行の着手時期

柳生弁護士の解説が続く。

「問題は、すり替え盗の実行の着手時期です。刑法四三条は、「犯罪の実行に着手してこれを遂げなかった者は、その刑を減軽することができる。ただし、自己の意思により犯罪を中止したときは、その刑を減軽し、又は免除する。」と規定しています。ですから、実行の着手がなければ、処罰されませんし、実行の着手がなければ、中止犯の問題も生じません。令和四年最高裁決定のことは後で詳しく説明しますが、この決定前は、すり替え役の犯人が④のすり替え行為の前の段階で、逮捕・起訴された事案について、下級審の裁判例でも、実行の着手時期をどの時点で捉えるかの見解が分かれていました。」

「そうなのですか。てっきり、被害者宅まで赴かないと実行の着手はないものと、漠然と考えていました。」と、河合弁護士が言った。

「例えば、架電時に着手を認めるものとして、①大阪地判令和元年一〇月一〇日（LEX/DB25566238）、②東京高判令和三年一〇月一九日（駒方琢也「判例紹介」研修八四四号（二〇二二年）八五頁）があります。すり替え役が被害者宅付近に赴き、その一〇〇メートル先にいた時点で着手を認めたものとして、③東京高判令和三年七月一四日（判タ一四九五号一四四頁）があります。すり替え役が被害者宅のインターホンを押した時点で着手を認めたものとして、④東京高判令和三年三月一一日（判タ一四九五号一五一頁）がありますね。」と、柳生弁護士。

「私なら、インターホンを押せば、すり替えに至る現実的危険性があるので、その時点で着手を認める見解に賛成します。」と、河合弁護士が言った。

するとと、柳生弁護士は、簡潔に判例・学説を説明し始めた。

「その見解を採用すると、②の被害者宅に付近まで赴いたすり替え役の受け子を検挙しても、窃盗未遂罪に問われないことになってしまいますね。これからの説明の便宜上、実行の着手に関する判例・学説を整理しておきましょう。判例は基本的に『犯罪構成要件行為及びこれに密接する行為』の開始を実行の着手とする客観説を採用しているとされています。客観説の中で最も有力な見解は、実行の着手を『犯罪構成要件の実現に至る現実的危険性を含む行為を開始した時点』と捉える実質客観説（危険性＋密接性基準説）であるとされています。(注4) これに対し、『犯行計画を基礎として犯行の時系列を把握した上で、実際の事象経過を観察したときに、犯行計画の進捗度合いが未遂処罰に値する段階に至ったかどうかという観点から行うべきだ』とする進捗度基準説(注5)があります。具体的な事実関係にもよりますが、概ね、危険性＋密接性基準説に立てば、②の時点での着手は認められませんが、進捗度基準説に立てば、着手が認められるという結論になるのです。」

令和四年最高裁決定

「こうした中で、令和四年最高裁決定（最三小決令和四年二月一四日・刑集七六巻二号一三五頁）が出たのですよ。」と、言って、パソコンで判例検索をした上、最高裁決定の判文を見ながら、柳生弁護士が解説する。

「最高裁は、すり替え盗について②の時点で実行の着手を肯定する判断を示したのです。

事案の概要ですが、氏名不詳者らは、警察官を装う架け子が被害者に電話を架け、被害者名義の口座から預金が引き出される詐欺被害に遭っており、再度の被害を防止するため、金融庁職員が持参した封筒にキャッシュカードを入れて保管する必要があって、これから訪れる金融庁職員がこれに関する作業を行う旨信じさせる嘘を言います。その一方で、金融庁職員を装う受け子の被告人が、すり替えに用いるポイントカードを入れた封筒（偽封筒）を用意して被害者宅を訪れ、被害者に用意させたキャッシュカードを空の封筒に入れて封をした上、割り印をするための印鑑が必要であると言って被害者にそれを取りに行かせ、被害者が離れた隙にキャッシュカード入りの封筒と偽封筒とをすり替え、キャッシュカード入りの封筒を持ち去って窃取することを計画していました。このような犯行計画に基づいて、架け子が、被害者宅に電話を架け、被害者に対し、計画に沿う嘘を述べ、さらに、受け子の被告人も、同計画に基づいて、被害者宅まで第一四〇メートルの路上まで赴いたが、警察官の尾行に気付き、指示役に指示を求めるなどして犯行を断念したというものです。」

「第一審と控訴審は窃盗未遂罪の成立を認めたのですか。」と、河合弁護士が質問した。

「そうです。そのため、被告人側は、窃盗の目的物であるキャッシュカードを入れた封筒を封印する必要があると嘘を言い、被害者に印鑑を取りに行かせるよう仕向ける行為、すなわち、キャッシュカードから目を離させる行為が被害者のキャッシュカードに対する事実上の支配を侵害する現実的・具体的危険性のある行為となるから、このような行為をしていない時点では窃盗未遂罪は成立しない旨の主張をして上告したのですが、最高裁は、職権で窃盗未遂罪の成立を認める判断をしたのです。しかも、第一審や控訴審よりも、かなり詳しく事実関係を摘示しています。」と、柳生弁護士が説明した。

「そのことは知りませんでした。」と、河合弁護士。

「第一審や控訴審の判決を読んだ上で最高裁決定を読むことは大切ですよ。それはともかくとして、最高裁決定は、『犯行計画上、キャッシュカード入りの封筒と偽封筒とをすり替えてキャッシュカードを窃取するには、被害者が、金融庁職員を装って来訪した被告人の虚偽の説明や指示を信じてこれに従い、封筒にキャッシュカードを入れたまま、割り印をするための印鑑を取りに行くことによって、すり替えの隙を生じさせることが必要であり、本件うそはその前提となるものである。そして、本件うそには、金融庁職員のキャッシュカードに関する説明や指示に従う必要性に関係するうそや、間もなくその金融庁職員が被害者宅を訪問することを予告するうそなど、被告人が被害者宅を訪問し、虚偽の説明や指示を行うことに直接つながるとともに、被害者に被告人の説明や指示に疑問を抱かせることなく、すり替えの隙を生じさせる状況を作り出すようなうそが含まれている。このような本件うそが述べられ、金融庁職員を装いすり替えによってキャッシュカードを窃取する予定の被告人が被害者宅付近路上まで赴いた時点では、被害者が間もなく被害者宅を訪問しようとしていた被告人の説明や指示に従うなどしてキャッシュカード入りの封筒から注意をそらし、その隙に被告人がキャッシュカード入りの封筒と偽封筒とをすり替えてキャッシュカードの占有を侵害するに至る危険性が明らかに認められる』から、『被告人が被害者に対して印鑑を取りに行かせるなどしてキャッシュカード入りの封筒から注意をそらすための行為をしていないとしても、本件うそが述べられ、被告人が被害者宅付近路上まで赴いた時点では、窃盗罪の実行の着手が既にあったと認められる。したがって、被告人について窃盗未遂罪の成立を認めた第一審判決を是認した原判断は正当である。』と判示しています。」と、柳生弁護士が最高裁決定を紹介した。

最高裁決定の評価

柳生弁護士の解説が続く。

「最高裁決定の評価は別れていますが、要するに、最高裁は、キャッシュカードの占有を侵害する危険性だけでなく、犯行計画の進捗度合いについて事実関係に基づいて評価し、

『被告人が被害者宅付近路上まで赴いた時点では、キャッシュカードの占有を侵害するに至る危険性が明らかに認められる』から、『窃盗罪の実行の着手が既にあった』ものと判断したといえるでしょうね。(注6) また、本件では事前の嘘の内容が比較的詳細で、現場で被害者が虚偽の説明や指示に従ってしまう可能性を高めるという事情と相まって結果の発生の危険性が高まるとする点において、決定に説明の妙があるとの指摘(注7)も参考になると思いますね。」

「先生、最高裁決定に対する評価は、当然各論者によって違いがあるでしょうね。」

「そうですね。危険性＋密接基準説に立つ論者は窃盗未遂罪が成立しないとして決定に反対し、(注8) 一方、進捗度基準説に立つ論者は、決定に賛成、さらに架け子が電話ですり替えの前提となる嘘を述べた時点で、窃盗の実行の着手を認め得ると主張しています。(注9)」

「先生、最高裁決定の事件の被告人は、未遂の段階で検挙されていることからすると、現行犯逮捕されたのでしょうか。」と、河合弁護士が質問した。

「おそらく、そうでしょうね。最高裁決定によれば、被告人が『被害者宅まで第一四〇メートルの路上まで赴いたが、警察官の尾行に気付き、指示役に指示を求めるなどして犯行を断念した』とありますので、『一四〇メートルの路上まで』と認定しているのは、その時点で警察官に任意同行され、その後逮捕された、あるいは、その場で現行犯逮捕されたのでしょう。逮捕することが可能だったのは、裏を返せば、被害者が架け子の電話の内容に不審を抱き、警察に通報したために、警察官が尾行していたとしか考えられませんね。それなのに、最高裁決定は、これらの点に全く触れないで、着手時期について判断している点が注目されますね。」と、柳生弁護士が指摘した。

「その点には気づきませんでした。」と、河合弁護士。

「要するに、最高裁決定は、被害者が警察に通報したとか、受け子が被害者宅を発見できなかったなどの事情は、実行の着手を認める判断の障害にならないと考えているのでしょう。その意味で、進捗度基準説に近い見解とも考えられますが、いずれにせよ、本決定が実務に与える影響は少なくないことは間違いありませんね。」

派生的問題

「令和四年最高裁決定の見解を是認した場合、①の架け子が被害者にすり替え犯行計画を実現するための嘘の電話を掛けた直後、受け子が被害者宅に向かうために自宅玄関を出た途端に逮捕された場合、架電説を採用すれば、窃盗未遂罪の適用が可能かもしれませんが、最高裁決定の事案のように被害者宅付近に赴いていない場合、仮に窃盗未遂罪の成立が認められないとするると、詐欺未遂罪の適用できるのかという派生的な問題が指摘されています。(注10)やはり、詐欺未遂罪の適用は難しいように思います。①の架け子の電話による嘘には、すり替えの隙を生じさせる状況を作り出すような嘘が含まれているが、キャッシュカードの交付を求め、あるいはその交付を導く嘘は含まれていない以上、詐欺罪にいう欺罔行為とは認められないと考えられるからです。」と、柳生弁護士は派生的な問題点を指摘し、更に説明を続けた。

「事後強盗の成否の問題です。仮に、取り替え役の受け子が、被害者宅付近で警察官から職務質問を受けた際に、暴行に及んだ場合、他人の財物の占有侵害の危険のある行為を開始した者が逮捕を免れるなどするために暴行を加えたことになるから、事後強盗が認められるかどうかという問題が派生します。(注11)」

「最高裁決定からすれば、事後強盗を否定する理屈は、私には思い浮かびません。」と、河合弁護士が言った。

「処罰の範囲を広げすぎだという批判は出るでしょうね。危険性＋密接基準説はこのようなケースでは窃盗未遂罪が成立しないとしていますので、事後強盗罪は成立しないという結論になります。(注12)もっとも、最高裁決定は、いわば事例判断ですので、具体的な事実関係で結論が異なることもあると思いますね。(注13)」

「直ぐに結論が出せる問題でもありませんね。」と、河合弁護士が感想を述べた。

弁護方針

「先生のお話をお聴きして頭の整理ができました。鈴木さんの事件は、窃盗未遂が成立することを前提に弁護することにします。」

「それが賢明でしょうね。まあ、被疑者にとってかなり有利な情状もありますしね。」と、柳生弁護士は、弁護方針に理解を示した。

「鈴木さんは、反省悔悟して警察に自首していますので、法的には自首が認められます。更には、鈴木さんは自己の意思により犯行を中止していますので、中止未遂が成立すると思います。自首は裁量的減軽事由ですが、中止未遂は必要的減軽事由ですので、この点はとても重要な情状になると考えています。」と、河合弁護士が言った。

「そのとおりですが、鈴木さんの場合、かなり酌量減軽事由もありますよね。」

「鈴木さんは、事件のことをとても反省していますし、前科前歴もありません。それにまだ二二歳の若者で将来があります。」

「動機は、同棲していた女性から犯行をそそのかされた訳ですから、同情の余地もあります。女性とは別れさせるべきですね。そうそう、親御さんはご健在ですか。」と、柳生弁護士が訊ねた。

「鈴木さんの話ではご両親は博多で小さな飲食店を営んいるそうです。」

「それなら、直ぐご両親と連絡を取るべきですね。」

「はい、そのつもりで事務所に戻る途中、ご両親に電話しました。明日、大阪まで出て来てくれるそうです。」

「それはよかったですね。鈴木さんには有利な情状が多いので、おそらく不起訴になると思いますが、ご両親には、鈴木さんと一緒に住み、店の手伝いをさせながら、就職先を探すことを約束してもらうことですね。その旨の誓約書の準備をし、時期を見て担当検察官にも会い、嘆願の上申書を提出するようにしてくださいね。」

「今日はありがとうございました。」

そう言って、河合弁護士は退室した。

（注1） 前田雅英「詐欺盗の着手時期」捜査研究八六〇号（二〇二二年）四二頁参照。
（注2） 最一小平成三〇年三月二二日・刑集七二巻一号八二頁は、「現金を被害者宅に移動させた上で，警察官を装った被告人に現金を交付させる計画の一環として述べられた嘘について，その嘘の

内容が、現金を交付するか否かを被害者が判断する前提となるよう予定された事項に係る重要なものであり、被害者に現金の交付を求める行為に直接つながる嘘が含まれ、被害者にその嘘を真実と誤信させることが、被害者において被告人の求めに応じて即座に現金を交付してしまう危険性を著しく高めるといえるなどの本件事実関係の下においては、当該嘘を一連のものとして被害者に述べた段階で、被害者に現金の交付を求める文言を述べていないとしても、詐欺罪の実行の着手があったと認められる。」旨判示する。

（注3）前田・前掲注（1）四三頁参照。

（注4）前田雅英編集代表『条解刑法［第4版］』（二〇二〇年、弘文堂）一九七頁以下、二本柳誠「窃盗未遂罪の処罰時期」刑事法ジャーナル七三号（二〇二二年）一一頁以下参照。

（注5）佐藤拓磨「すり替え事案における窃盗の実行の着手時期」研修八九〇号（二〇二二年）一一頁、冨川雅満「すり替え窃盗の実行の着手時期」刑事法ジャーナル七三号（二〇二二年）一九頁以下参照。

（注6）江見健一「すり替え窃盗の実行の着手」刑事法ジャーナル七三号（二〇二二年）三二頁以下参照。

（注7）髙橋直哉「いわゆるキャッシュカードすり替え型の窃盗につき実行の着手があったとされた事例」法学教室五〇一号（二〇二二年）一二九頁参照。

（注8）二本柳・前掲注（4）一八頁参照。

（注9）佐藤・前掲注（5）一〇頁以下、樋口亮介「特殊詐欺のすり替え事案における窃盗未遂」警察学論集七五巻一号八〇頁以下参照。もっとも、本決定は、事前の嘘の電話の時点で実行の着手

を認めないという含みがあるのか、この時点における実行の着手を肯定するか否かの判断を留保しつつ、遅くとも、被害者宅付近に赴いたでは実行の着手を認められるとする趣旨かは明確ではない（髙橋・前掲注（7）一二九頁参照）。

（注10）前田・前掲注（1）四九頁参照。

（注11）江見・前掲注（6）三五頁参照。

（注12）二本柳・前掲注（5）一八頁参照。

（注13）事案は異なるが、数人が土蔵から財物を窃取することを企て、実行役が土筒に侵入した段階で、土蔵から離れた場所にいた見張り役が警察官に職務質問を受けた際に、警察官に暴行加えた場合を想定すると、同様に、財物への接近を伴わない者について事後強盗罪の成立の可否が問題になるとの指摘があります。（江見・前掲注（6）三五頁（注16）参照。

〔中尾　巧〕

大麻取締法

「大麻所持」

書類送検

「最近は、刑事事件に関わることもほとんどなくなった。」

柳生弁護士は、そう呟きながら、執務室で新聞を読んでいると、中山雅典弁護士が顔を出した。

「先生、知人に頼まれ、刑事事件の弁護人を引き受けました。少しお知恵をお借りしたいのですが……。」

「何でも構いませんが、どんな事件ですか。」と、柳生弁護士が訊ねた。

「大麻取締法違反です。被疑者は、大阪市内に居住する大崎拓郎といい、二五歳の会社員です。①今年の四月一〇日に、阿部伸介と小原一郎と共同して、大阪市内の阿部の自宅において、大麻草若干量を所持し、②七月二五日、大阪市内の大崎方において、微量の大麻樹脂を所持したという容疑で、八月二〇日に地検に書類送検されています。大崎さんは、自宅を警察の捜索を受けた翌日に、警察の取調べを受けたそうです。大崎さんは、それで事件は終わったものと思っていたところ、三日前に、検察庁から九月二〇日に出頭するようにとの呼出状が届いたため、心配になって、知人を通じ私に弁護を頼んできたのです。昨日事情を訊いた上で弁護を引き受けました。」

「分かりました。所轄警察署はどこですか。」

「X県警のY警察署です。」

柳生弁護士は、六法全書を繰りながら言った。

「大阪府警管内の警察署ではないのですね。それはともかく、まず、関係条文を確認しておきましょう。確か、大麻所持罪の法定刑には罰金刑がなく、懲役刑のみですから、検察は適切な処理をするのに結構悩むものですよ。まあ、私の個人的な見解ですが、大麻の有害性について議論もあるし、大麻の自己使用のための所持を処罰し、自己使用自体は処罰しないのが現行法ですので、この際、法改正して罰金刑を復活させるべきではないかと思いますよ。（注1）これは余分なことを言いましたね。」

関係条文

大麻取締法

第一条

「この法律で「大麻」とは、大麻草（カンナビス・サティバ・エル）及びその製品をいう。ただし、大麻草の成熟した茎及びその製品（樹脂を除く。）並びに大麻草の種子及びその製品を除く。」

第三条第一項

「大麻取扱者でなければ大麻を所持し、栽培し、譲り受け、譲り渡し、又は研究のため使用してはならない。」

第二四条の二

第一項「大麻を、みだりに、所持し、譲り受け、又は譲り渡した者は、五年以下の懲役に処する。」

第二項「営利の目的で前項の罪を犯した者は、七年以下の懲役に処し、又は情状により七年以下の懲役及び二〇〇万円以下の罰金に処する。」

大麻草の共同所持

「先生、大崎さんは起訴されるのでしょうか。」と、中山弁護士が訊ねた。

「まあ、一つ一つ検討することにしましょう。まず、大麻の共同所持について具体的な事実関係を教えてください。」

「今年の四月一〇日のことです。大崎さんは、高校時代から友人の小原と阿部と、久しぶりに大阪市内の阿部方で会うことになったのです。当日、西成で大麻草二袋を一万円で購入した大崎さんは、阿部方に赴き、たまたま、二人に大麻草を購入した話をすると、大麻の使用歴のある阿部が『俺にも吸わせてくれ。』と言い出したため、阿部と小原にその大麻草の一部をあげたそうです。そして三人で大麻草を吸煙使用したというのです。大崎さんは帰宅後、残りの大麻草を吸煙使用したため、大麻草は一切残っていないそうです。」

「なるほどね。そうすると、今回の事件の場合、共同所持は無理筋ですね。」と、柳生弁護士が断言した。

「先生、詳しく説明してください。」

「警察は、おそらく、今回の事件について、いわゆる大麻パーティに類する犯行として捉者について大麻の共同所持が認められる可能性があるのは、①参加者の間であらかじめ大麻購入を計画し、そのうちの何人かが大麻を購入してくる場合、あるいは②大麻を廻し飲みするとの認識の下に大麻パーティに参加するような場合とされています。一方、たまたま他人が喫煙している大麻煙草を一、二服吸わせてもらった場合など、大麻の所持と吸煙使用などの吸食行為がほぼ重なっているときは、吸食行為を処罰する規定がないので、喫煙と密接不可分な関係にある行為は所持に当たらないと解する見解が有力です。(注2)」

「分かりましたが、今回の事件はどうなるのですか。」

「そうですね。①事前に大麻を購入して三人全員で吸煙することは全く意図されていなかったこと、②大崎さんは事前に大麻草を持参することを小原や阿部に伝えていなかったこと、③阿部と小原は、本件当日に大崎さんから大麻草を持参したことを聞かされ、その大麻草の一部を貰い受けて吸煙使用したにすぎないことからすると、阿部と小原の場合、別の排他的な所持を観念できる態様とはいえないので、大麻の所持罪の共同正犯が成立しないと思いますよ。結局、大崎さん単独の大麻所持罪のみが成立する事件でしょうね。」

と、柳生弁護士が結論を述べた。

大麻所持の立証

「大崎さん単独の大麻所持が成立するとしても、問題は、その事実を立証できるかどうかです。今回の事件では、大麻草はすべて吸煙使用されて残っていませんので、大崎さんが所持していた大麻草が大麻であることを客観的に立証する物証は存在しないことになりますね。」

「私もそのとおりだと思います。」と、中山弁護士が言った。

「実務では、いわゆる『物なし事件』でも、他の証拠を積み重ねて起訴される事例がありますが、極めて稀なケースです。警察は、大麻の立証をどのように考えているのですか。」

と、柳生弁護士が中山弁護士に確認した。

「Y警察署刑事課が、管内で発生した還付金詐欺の受け子として阿部を、今年四月一一日に詐欺容疑で逮捕したのですが、その際、阿部が前日に大崎さんらと大麻草を吸煙使用したことを自供したのです。任意に阿部から採尿した尿を鑑定した結果、大麻の反応が出たため、その鑑定結果でもって大崎さんが所持していた大麻草が大麻であることを立証しようとしているものと思われます。」

間髪入れず、柳生弁護士が言った。

「それは、無理でしょう。通常、大麻を使用した者の体内に大麻成分が摂取された後、体外に排泄された尿から大麻反応が出た場合には、その成分は実際に大麻を体内に摂取後七日ないし一〇日以内に摂取されたものが検出されると考えられています。ですから、阿部の尿から大麻の反応が出たことは、その日以前のどこかの時点で阿部が大麻を吸煙使用した事実を示すものといえるにしても、阿部には大麻の使用歴があるため、大麻の反応が大崎さん単独所持に係る大麻草かそれ以外の大麻草のいずれかを吸煙使用したことによるものかを特定できないことになります。そうすると、阿部の尿の鑑定結果は、大崎さん所持に係る大麻草が大麻であることを立証する証拠とはならないのです。」

「なるほど、良く理解できました。」

大麻樹脂の所持

「次は大麻樹脂の所持の件ですが、大麻樹脂は警察に押収されているのですね。」

「そうです。Y警察署生活安全課は、刑事課から引き継ぎ、阿部の余罪である大麻草の共同所持を被疑事実にして、共犯者の大崎さんが残りの大麻草を自宅に保管している疑いがあることを理由に、大崎さん方の捜索差押許可状の発付を受け、七月二五日、捜索・差押えを行ったものと考えられます。その結果、大崎さん方の書棚の棚に置かれていた微量の大麻樹脂が発見・押収されたのです。大麻樹脂は、大崎さんが三年前、外国人から譲り受けたものですが、捜索された時点で初めて、その存在に気づいたと、そのときに警察官に話したそうです。」と、中山弁護士が説明した。

「理屈から言うと、いったん大麻樹脂に対する『実力支配関係』が成立していれば、その後、その物を所持していることを忘れていても所持罪は成立することになります。(注3)要は、大崎さんの場合も、大麻樹脂に対する実力支配関係が成立しているかどうかという事実認定如何です。」と、柳生弁護士が解説した。

違法収集証拠排除

「大事なことは、大麻草の共同所持の犯罪地はY警察署の管轄区域外の大阪市内だったことです。Y警察署は、『管轄区域における犯罪の捜査、被疑者の逮捕』に関連して必要がある限度においてしか捜査できないのですよ。(注4)ですから、大崎さんの自宅の捜索・差押えについては、還付金詐欺に関連して必要があるものといえるかどうかが問題になる訳です。

仮に明らかに限度を超えたものであれば、違法とされて、それによって押収された大麻樹脂が証拠から排除されることもあり得るでしょう。(注5)そこで、確認しますが、阿部の裁判はどうなっていますか。」と、柳生弁護士が訊ねた。

「確か、阿部は四月二二日に詐欺で起訴されました。六月四日にY地裁で第一回公判期日が開かれ、阿部は起訴事実を認め、その日に保釈されたと聞いています。七月二〇日に結審し、八月四日には阿部は詐欺罪で執行猶予付きの有罪判決を受けたそうです。」と、中山弁護士が答える。

「阿部は、余罪の大麻草の共同所持で追送検されたかどうか分かりませんが、結局、余罪は起訴されなかったことになりますね。」

「確認していませんが、そうだと思います。」

「大崎さんの自宅に捜索が行われたのは七月二五日でしたから、阿部の裁判が結審した日の五日後に捜索された訳ですね。」

「そういうことになります。」

「結局、詐欺事件の裁判の経過等からみると、阿部の余罪である大麻草の共同所持の被疑事実で捜索・差押えを行うこと自体、詐欺事件の捜査に関連しても必要がなかったと判断されても仕方がないでしょうね。そうすると、Y警察署は管轄区域外で違法な捜索・差押えを行ったことになりますね。」と、柳生弁護士が結論付けた。

「今回の捜索・差押えについては、重大な違法性が認められ、将来における違法な捜査の抑制の見地からして相当でないため、これにより押収された大麻樹脂は違法収集証拠として排除されるべきであるという主張は成り立ちますね。(注5)大麻樹脂の所持を立証する証拠は大崎さんの供述のみで、他に補強証拠も存在しないことから、犯罪立証のために十分な証拠がないといえますね。」と、中山弁護士が言った
「その通りです。さらに別の観点からも違法収集証拠と指摘できるかもしれません。」と、柳生弁護士が付け加えた。

「その点についても説明していただけませんか。」

「そもそも、大崎さん方の捜索差押許可状の被疑事実は、阿部に対する大麻草の共同所持です。証拠物は、被疑事実（事件）との関連性がなければ、差押えの必要性は認められません。大麻樹脂は大麻草ではなく、その製品ですし、そもそも、令状は大麻草の共同所持の日から三か月以上も経過後に発付されていることからも、被疑事実との関連性があるとはいえず、必要性のない差押えになるでしょう。(注6)このような違法な差押えであるという点も付記しておくべきです。そうそう、本件のような微量な薬物の所持でも、法が禁じる所持の対象となるのですが、ただ、『所持』の犯意が認められない可能性は否定できません

ね。[注7]その意味で弁護人としては犯意についても十分な検討を加え、然るべき主張をするべきでしょうね。」と、柳生弁護士がコメントした。

管轄のない事件の処理

「Y警察署生活安全課の捜査員が大崎さんの自宅を捜索し、微量とはいえ違法な大麻樹脂を発見して押収したのですから、大麻樹脂の発見時に現行犯逮捕もできたのに、それをしなかったのは不可解ですね。確かなことはいえませんが、捜査員自身も、管轄外で捜索することに後ろめたさがあったのかも知れませんね。いずれにせよ、大麻樹脂の所持事件については、犯罪地が大阪市内ですし、大崎さんは大阪市に居住していますので、Y警察署に管轄権のない事件であったことは明らかですから、Y警察署長としては、犯罪捜査規範に則り、速やかに事件を大阪府警に移送又は引継ぎすべきだったと思います。[注8]」と、柳生弁護士が指摘した。

「良く分かりました。先生から指摘いただいた点をまとめて、早速、上申書の作成に取り掛かります。」

そう言って、中山弁護士が部屋を出ようとした。

「ちょっと待って、検察官が上申書を読めば、不起訴処分にするだろうと思いますが、大崎さんが検察庁で取調べを受ける前に、検察官に上申書を提出するようにしてくださいね。」と、柳生弁護士が念を押した。

（注1）昭和三八年の「麻薬取締法等の一部を改正する法律」（法律第一〇八号）によって、麻薬取締法、大麻取締法、あへん法の罰則が強化され、大麻取締法の罰則について、大麻の輸入、輸出、栽培、譲受、譲渡、所持、施用、受施用等の禁止及び制限規定違反の法定刑は、それまでの選択刑・併科刑である罰金刑が削除され、懲役刑のみとなった。

なお、大麻の喫煙者自身が被害者であるとの観点から、現行法は喫煙等の吸食行為を不処罰としていると解されている（伊藤栄樹ほか『注釈 特別刑法 第八巻』（一九九〇年、立花書房）「大麻取締法」三七九頁〔吉田敏雄〕参照。

また、令和四年五月以降、厚生科学審議会医薬品医療機器制度部会の「大麻規制のあり方に関する大麻規制検討小委員会」は大麻をめぐる様々な状況の変化を踏まえ、幅広い見地から大麻の規制等のあり方について検討を行っていたが、同年九月二九日、議論のとりまとめを公表した。これによると、「最近の若年層を中心に大麻事犯が増加している状況の下、薬物の生涯経験率が低い我が国の特徴を維持・改善していく上でも、大麻の使用禁止を法律上明確にする必要がある」として大麻使用罪の創設を提言し、早期の法改正を目指しているという。

（注2）伊藤ほか・前掲注（1）三七九頁〔吉田敏雄〕、植村立郎「大麻取締法」平野龍一ほか編『注

解 特別刑法5－Ⅱ医事・薬事編（2）〔第二版〕』（一九九二年、青林書院）一一五頁参照。

（注3） 所持罪の犯意（故意）は、当該薬物を保管する上での実力支配関係を有しているという事実の認識及び規制薬物であることの認識が必要である。いったん「実力支配関係」が成立すれば、その後、物を所持していることを忘れていても所持罪は成立することになる（藤永幸治編集代表『薬物犯罪』（一九九五年、東京法令出版）九二頁〔渡辺咲子〕参照）。

（注4） 警察法六四条（警察官の職権行使）は「都道府県警察の警察官は、この法律に特別の定がある場合を除く外、当該都道府県警察の管轄区域内において職権を行うものとする。」とし、同法六一条（管轄区域外における権限）は、「都道府県警察は、居住者、滞在者その他のその管轄区域の関係者の生命、身体及び財産の保護並びにその管轄区域における犯罪の鎮圧及び捜査、被疑者の逮捕その他公安の維持に関連して必要がある限度においては、その管轄区域外にも、権限を及ぼすことができる。」と規定する。

（注5） 証拠物の収集手続（特に捜査手続）に違法があった場合にその証拠能力が否定されるか否か（違法証拠の排除）について、明文の規定がないため、実体的真実の発見の要請と、適正手続・違法捜査抑制の要請との間で、かつて消極説と積極説が対立していた。判例も、当初は違法収集証拠の排除に消極的であったが、最一小判昭和五三年九月七日・刑集三二巻六号一六七二頁は、証拠物の押収等の手続に、「憲法三五条及びこれを受けた刑訴法二一八条一項等の所期する令状主義の精神を没却するような重大な違法があり、これを証拠として許容することが、将来における違法な捜査の抑制の見地からして相当でないと認められる場合においては、その証拠能力は否定されるものと解すべきである。」と判示し、違法収集証拠排除法則の採用を明言する

に至った。

現在では、個別事案ごとに「違法の重大性」と「排除相当性（将来にわたる違法捜査抑制の見地から相当でないこと）」の両面に関する諸事情を総合して証拠排除の有無を決めるべきとする見解（相対的排除説）が通説となっている（伊丹俊彦ほか編集代表『逐条 実務刑事訴訟法』（二〇一八年、立花書房）八四六頁〔辛島明〕参照）。

なお、最一小判令和四年四月二八日（裁判所ウェブサイト）は、覚醒剤の使用事件で、強制採尿手続に違法があっても、その程度はいまだ令状主義の精神を没却するような重大なものとはいえず、尿の鑑定書等を証拠として許容することが、違法捜査抑制の見地から相当でないとも認められないから、本件鑑定書等の証拠能力は肯定することができると判示している。本判決は、専ら捜査機関の行為を対象として客観面、主観面から評価を行い、違法に収集された証拠の証拠能力を判断したものであり、実務上も意義があるだろう（岡本章「判例研究」研修八九〇号三一頁参照）。

（注6） 本来、令状記載の被疑事実との関連性が認められる物件に限って差押えの目的物とすることが許されている（田中康郎監修『令状実務詳解』（二〇二〇年、立花書房）七一二頁〔佐藤傑〕参照）。本件大麻樹脂については、阿部の共犯者の情状に関する証拠という意味では、被疑事実と若干の関連性があるといえなくはないが、仮にこれを肯定しても、証拠としての価値・重要性は認められず、その他諸般の事情を勘案しても明らかに必要性がなく、差押えをすべきものではないと考えられる。この点に関し、松尾浩也監修『条解 刑事訴訟法〔第5版〕』（二〇二二年、弘文堂）二一二頁は、「犯罪の態様・軽重、対象物の証拠としての価値・重要性、差

押えを受ける者の不利益の程度その他諸般の事情を勘案し、明らかに必要性がないと認められる場合には、差押えをすべきでない」とする。

（注7）藤永編集代表・前掲・前掲注（3）八九頁〔渡辺〕参照。なお、覚醒剤について、〇・〇〇〇五グラムでも薬理効果があるとして所持罪の成立を認めた裁判例がある（大阪地判平成元年六月二六日・判例時報一三八四号一三九頁）。

（注8）犯罪捜査規範七八条（事件の移送及び引継ぎ）は、「警察本部長又は警察署長は、管轄権のない事件又は当該警察において捜査することが適当でないと認められる事件については、速やかにこれを犯罪地又は被疑者の住居地を管轄する警察その他の適当な警察に移送又は引継ぎしなければならない。」と規定する。

〔中尾　巧〕

金融商品取引法

「インサイダー取引」

取引調査課の調査

柳生弁護士は南港商事の織田社長からの電話を取った。

「先生、大変です。昨日、証券取引等監視委員会（以下「監視委」という。）の調査が入ったのです。取引調査課の調査官がいきなりやって来て、インサイダー取引で儲けた社員がいるというのです。社員らの事情聴取を始めるわ、あれこれ資料を出せというのです。私や役員も事情聴取を受けました。当社としては取引調査課の調査に全面的に協力していますが、昨日で調査は終わらず、今日も朝から調査を続けています。」と、織田社長が電話の先で捲し立てた。

「まあ、社長、落ち着いてください。」

「先生、これからどうなるんですかね。心配です。今後の調査の見通しなどを教えていただきたいのです。今日は総務部長に監視委調査の対応を任せ、事務所にお伺いしたいのですが、先生のご都合はいかがですか。」

「じゃあ、午後一時にお越しください。」

南港商事は、中堅商社で主に電子機器の輸入販売を手掛けている。年商三〇〇億円の優良法人である。東証スタンダートに上場し、株価も二〇〇〇円前後で推移している。

事務所応接室

「先生、お時間を取らせて申し訳ありません。」

そう言って織田社長は頭を下げる。

「インサイダー取引の疑いがあるとされているのは、誰なのですか。」

「総務部総務課の石川敏明係長です。」

「どんな仕事を担当しているのですか。」

「主に私や役員の秘書の女性社員らを統括しています。」

「最初に、基本的なことについて説明しておきましょう。インサイダー取引規制は、①会社関係者などのインサイダー取引規制、②公開買付者等関係者などのインサイダー取引規制、③情報伝達・取引推奨規制に大別されます。

このうち、①の規制は、「会社関係者」又は「第一次情報受領者」が上場会社に係る「業務等に関する重要事実（以下「重要事実」という。）を職務に関し知ったときは、その公表前に当該上場会社等の株式等の売買等を行うことを禁止するものです。(注1)

この規制違反に対する法令上の制裁として課徴金（行政罰）と刑事罰があります。規制の対象者である「会社関係者」とは、上場会社等の役員、代理人、使用人その他の従業員（以下「役員等」という。）をいいますが、石川係長の場合は、「使用人」に該当しますので、「会社関係者」になりますね。(注2)」と、柳生弁護士が簡潔に説明した。

「先生、そこまでは理解できました。石川係長が職務に関し知った「重要事実」というのは何ですか。」と、織田社長が質問した。

「それは、社長が知っているはずですよ。取引調査課の調査官から説明を受けたでしょう。」と、柳生弁護士が指摘した。

「昨日は、調査官から、今年の四月に当社が公表した「未来データ社」との業務上の提携（以下「本件業務提携」という。）の経緯などについて詳しく訊かれました。当社は、本件業務提携により海外での事業展開やＡＩ化が進むと、売上高の増加が見込まれることを考え、決断したのです。」

「本件業務提携を決定したこと（決定事実）が重要事実になるのですよ、(注3)ところで未来データ社とはどんな企業ですか。」

「各種情報の分析、通信ソフトの開発・運用ソフト開発に強みを持ち、東証スタンダードに上場し、伸び盛りの企業です。株価も、本件業務提携の公表後、三〇〇〇円以上も上昇し、今は一八〇〇円前後で推移しています。」

重要事実

「貴社として未来データ社と本件業務提携を行うことを決定したのはいつのことですか。それは取締役会で決定されたものですか。」と、柳生弁護士が訊ねた。

「今年の四月一日に、社長の私と副社長の木下祐介、専務の高島浩の三人が協議して本件業務提携を行うことを決め、同月一五日の取締役会に議案として提出することにしたのです。そして取締役会が本件業務提携を行うことを承認・議決しました。通常、会社の重案な案件については、代表権のある三人で実質的に決めています。社内では「代取会」と呼ばれています。」と、織田社長が説明した。

「そうすると、貴社の場合、「代取会」も決定事実における「業務執行を決定する機関」に当たりますね。(注4) 本件業務提携が決定されたのは、四月一日と考えて良いでしょうね。石川係長は重要事実である本件業務提携の決定をどのようにして知ったのですかね。」と、柳生弁護士が訊ねた。

「それは分からないのです。石川係長本人から訊くしかないですね。」

「では、石川係長のインサイダー取引で売買した株式は、南港商事の株ですか、未来データ社の株ですか。」

「現時点ではそれも分かりません。会社として本人からインサイダー取引の内容を詳しく訊くことができないものでしょうか。」と、織田社長。

「そうですね。御社としては、インサイダー取引の事実関係を把握し、石川係長の懲戒処分を決める必要もありますし、情報管理態勢上の問題点を洗い直し、再発防止策を検討しなければならないでしょうね。そのためには、速やかに社内調査を実施する必要があると思いますが、監視委の調査官との不要な摩擦（証拠隠滅の疑いなど）を避けるためには、事前に主任調査官に断ってから行う必要があるでしょうね。(注5) 監視委の質問調査等は二週間程度で終わると思いますので、その時期を見計らって主任調査官の了承を取るのが賢明だと思います。」

「分かりました。そのようにします。社内調査はどのような態勢でやれば良いのでしょうか。」と、織田社長が訊ねた。

「そうですね。貴社の常勤監査役を委員長にし、高島専務と弁護士の三人態勢がよいでしょう。うちの事務所の若手弁護士に手伝わせましょう。石川係長は総務部所属ですから、事務局は人事部の社員に担当させるのが適当でしょう。社内調査が終われば、相談に来てください。」と、柳生弁護士は、適切なアドバイスをした。

「ありがとうございます。その節はよろしくお願いします。」と、織田社長。

社内調査

南港商事は監視委の主任調査官の了承を得て、社内調査を行ったところ、石川係長のインサイダー取引の概要を把握することができた。

石川係長が本件業務提携を知ったのは四月一日だった。当日、社長室で代取会が開かれ、社長らが本件業務提携を行うことを決め、その関係資料の一部を取締役会に提出することにした。高島専務は、極秘資料だったので、石川係長を社長室に呼び、係長自らが必要部数をコピーするよう命じた。石川係長は、必要部数をコピーして社長室に戻り、それらを高島専務に手渡した。石川係長は提出資料をコピーする過程で会社が本件業務提携を行うことを知った。

本件業務提携の公表前の同月三日、石川係長は、ニコニコ証券の淀屋橋支店に赴き、自己の証券口座で未来データ社株を一五〇〇円で五〇〇〇株を購入した。七五〇万円の購入資金は、前年に奥さんが親から相続した財産の一部から用立てた。

四月一五日、南港商事と未来データ社が本件業務提携について東京証券取引所において適時開示した。(注6)

その二日後に、石川係長は、未来データ社の五〇〇〇株を一八五〇円で売り抜け、一七五万円の売却益を得た。

職務に関し知ったとき

社内調査を終えた織田社長は、社内調査報告書を持参して柳生弁護士を訪ねた。

「先生、お陰で、石川係長のインサイダー取引の内容を把握できました。これが社内調査報告書です。」

柳生弁護士は、社内調査報告書を手に取り、目を通しながら言った。

「まず、石川係長が重要事実を職務に関し知ったかどうかを検討する必要がありますが、報告書を読む限り、監視委は職務に関し知ったと認定するでしょうね。」

「先生、職務に関し知ることが必要なのですか。」

「そうですよ。『職務に関し知ったとき』とは、役員等が職務自体により知った場合のほか、職務と密接に関連する行為により知った場合も含み(注7)、『職務』とは、その者の地位に応じた任務として取り扱うべき一切の執務をいい、具体的に担当している事務であることを要しないとされています(注8)。石川係長については、書類をコピーする事務は、総務課の係長の職務といえるかどうかを一応検討しなければなりませんが、高島専務の特命でコピーした訳ですから、職務に当たるといえますね。」と、柳生弁護士はコメントし、一息入れた後、さらに続けて次のように付け加えた。

「参考までに言いますが、『職務に関し』の意義については諸説があります(注9)。例えば、営業課員が秘書課員を昼食に誘うため、秘書課に行き、課長の机の上に置かれていた極秘書類を偶然目にして重要事実を知った場合が限界事例のひとつに挙げられています。内部情報を知り得る特権的な立場にある者が重要事実を知りながら行う株式売買等についてはアンフェアであってこれを許すことが投資家の信頼を害するという規制の趣旨(注10)を踏まえ、『職務に関し』について合理的な限定解釈をして行く必要があるとの観点から、単なる『物理的アクセス』を通じて知ったにすぎない場合には、その特権的な立場を濫用していないので規制の対象外とする見解(注11)が有力です。この見解に立てば、限界事例の営業課員は、他の部署に立ち入るといった単なる『物理的アクセス』を通じて知ったに過ぎないので、職務に関し知ったといえないことになります。これに対し、会社関係者であるからこそ『偶然見ることもできるわけであるから、職務関連性を肯定すべきように思われる』とする説(注12)もあります。」

「難しいものですね。」と、織田社長がため息をつく。

第一次情報受領者

「ところで、石川係長は、本件業務提携のことを誰かに教えたりしていないのですか。」と、柳生弁護士が訊ねた。

「調査の結果、それはなさそうです。」と、織田社長は答えた。

「会社関係者(元会社関係者を含む。)でない者であっても、会社関係者から重要事実の伝達を受けた者(以下「情報受領者」という。)はインサイダー取引の規制対象になるのです。(注13)もっとも、ここで規制対象になるのは、会社関係者から直接の情報受領者(以下「第一次情報受領者」という。）に限定されていますので、第二次情報受領者やそれ以降の情報受領者は規制対象ではありません。ただ、第一次情報受領者に該当するかどうかは事実認定の問題ですので、直接、重要事実を聞いていない場合であってもこれに該当されるとして規制対象となるときもあり得るので注意してくださいね。」と、柳生弁護士はやや専門的な解説を加えた。

「分かりました。仮に、石川係長が未来データ社の株取引をしないで、他人に未公開の重要な内部情報を教えた場合には、石川係長はどうなりますか。」と、織田社長が質問した。

「平成二五年の金商法改正で、同二六年四月以降、未公表の重要事実を職務等に関し知った会社関係者・公開買付け等関係者が、他人に対し、公表前に株券の売買等をさせることにより利益を得させ、又は損失の発生を回避させる目的をもって、重要事実等を伝達し、又は株券の売買等を推奨することが禁止されることになったのですよ（金商法一六七条の二参照）。また、情報伝達・取引推奨を受けた者が公表前にインサイダー取引を行った場合には、それらの者も課徴金や刑事罰の対象になるのです。(注14) 石川係長も、他人に本件業務提携の件を教えると、情報伝達規制違反になります。」

「そうですか。私も注意します。」と、織田社長が言った。

今後の見通し

「先生、今後、どのように事が進められるのですか。」と、織田社長が質問した。

「監視委の取引調査課の調査は、課徴金納付命令の勧告を行うこと目的として、立入検査や質問調査等を行うので、「課徴金調査」とも呼ばれています。実務では、特段の争いのない事案の場合、課徴金調査は、概ね二か月から三か月程度で終了しているようです。監視委は、調査の結果、違反行為が認められれば、通常、金融庁長官等に課徴金納付命令の発出を求める勧告を行います（金融庁設置法二〇条一項）。この勧告があった場合、監視委は、原則として記者レクを行い、また、ホームページに勧告内容、法令違反の事実関係や課徴金の額の計算を公表しています。ですから、御社も、石川係長について勧告されることを想定して適切なマスコミ対応や東京証券取引所への適時開示ができるよう事前に準備しておく必要がありますね。(注15)」と、柳生弁護士が丁寧に説明した。

「先生、念のため、お聞きしますが、今回のインサイダー取引は刑事事件にはならないでしょうね。」と、織田社長が確認した。

「通常、インサイダー取引で課徴金調査を開始した案件について、途中に犯則調査に移行し、調査の結果、監視委が収集した証拠により犯則事実を認定した上、検察官に告発し、刑事事件になることは稀にありますが、課税金調査で終わる事例がほとんどです。石川係長の場合は、役員でもありませんし、利得額が多額でもなく、犯情も悪質とはいえないので、犯則調査の対象になることはないと思いますよ。もっとも、監視委が犯則調査をして刑事告発するか、課徴金の納付命令の勧告にとどめるかは、監視委の裁量に委ねられています。(注16)」と、柳生弁護士が解説した。

課徴金の計算

「課徴金はどのようにして計算するのですか。」と、織田社長の質問が続く。

「監視委は、違反行為者が違反行為時に一般的に期待し得る利得相当額を課徴金として賦課することが適切であると考えています。計算方法については、会社関係者のインサイダー取引規制違反の場合、重要事実等の公表日から二週間(公表が株価に影響を与えると見込まれる期間)の最高値や最安値を基準として計算されます(金商法一七五条)。売付け等については、売付け等の総額から、公表後二週間の最安値に売付け等の数量を乗じた額を控除した額になります。買付け等については、公表後二週間の最高値に買付け等の数量を乗じた額から、買付け等の総額を控除した額になります。」と、柳生弁護士が解説する。

「石川係長の場合はいくらの課徴金になりますか。」

「本件業務提携が公表された四月一五日から二週間において、未来データ社の株価は最も高い価格が一九〇〇円ですので、これに石川係長の買付け数量（五〇〇〇株）を乗じた額を算出すると、九五〇万円になります。この九五〇万円から、石川係長の買付け総額の七五〇万円を控除した額が課徴金の額になります。石川係長には二〇〇万円の課徴金の納付が命じられることになりますね。」と、柳生弁護士が答えた。

「そういうことですか。確か、石川係長は今回のインサイダー取引で一七五万円の売却益を得たとしても、結局、課徴金を払うと、二五万円も損しますね。インサイダー取引で摘発されると、割が合わないですね。」と、織田社長が言った。

課徴金納付命令の手続

「監視委の勧告があると、その後どのような手続が行われるのですか。」と、織田社長が訊ねた。

「監視委の勧告後、金融庁において審判手続が開始されます。審判手続を経た後、審判官が審判事件ついての決定案を作成して金融庁長官に提出します。これに基づいて金融庁長官が課徴金納付命令の決定を行います。審判手続において、被審人(勧告された者)が違反行為に該当する事実と納付すべき課徴金の額を認める旨の答弁書が提出されたときは、審判期日を開く必要がありません。インサイダー取引に係る事例の多くは、被審人からそれらを認める旨の答弁書が提出されているため、審判期日が開かれることなく、課徴金納付命令が発出されているようです。[注17]」と、柳生弁護士が解説した。

「石川係長は違反行為を認めていますので、それらを認める答弁書を出すと思います。これで、見通しが付きました。石川係長の懲戒処分の問題が残りますが、社内の懲罰委員会を開き、粛々と手続を進めたいと思います。」

そう言って、織田社長が会社に戻っていった。

(注1) 金融商品取引法(以下「金商法」という。)一六六条一項一号ないし五号参照。同項にいう「業務等に関する重要事実」とは、同条二項一号ないし一四号に掲げる上場会社の運営、業務又は財産に関する重要な事実であって、投資者の投資判断に影響を及ぼすものをいうが、投資者の投資判断に及ぼす影響が軽微なものとして有価証券の取引等の規制に関する内閣府令(以下「有価証券規制府令」という。)四九条ないし五五条の六で定める軽微基準に該当するものはイン

サイダー取引規制の適用が除外される。

重要事実は、①金商法一六六条二項一号の「決定事実」（株式の募集、業務上の提携、合併、解散等、②二号の「発生事実」（業務遂行の過程で生じた損害等）、③三号の「決算情報」（売上高等が予め公表した予想値等と比較して重要な差異）、④四号の「バスケット条項」に類型化されている。

（注2） 金商法一六六条一項一号にいう「使用人」とは、法人との間に雇用関係のある者をいう（木目田裕＝上島正道監修『インサイダー取引規制の実務〔第二版〕』（二〇一四年、商事法務）五七頁〔山田将之〕参照。なお、会社関係者でなくなってから一年以内の者（以下「元会社関係者」という。）は、会社関係者であったときに職務等に関し重要事実を知った場合には規制対象となる（同項後段）。

（注3） 業務上の提携の決定は、原則として重要事実に該当する（金商法一六六条二項一号ヲ、金融商品取引法施行令二八条一号参照）が、軽微基準（有価証券規制府令四九条一項一〇号）に該当する場合に重要事実に該当しない。

（注4） 決定事実における「業務執行を決定する機関」については、会社法所定の決定権限のある機関には限られず、実質的に会社の意思決定と同視されるような意思決定を行うことのできる機関であれば足りると解されている（最一小判平成一一年六月一〇日・刑集五三巻五号四一五頁参照。

同判決は、代表取締役である社長が、「第三者割当増資を実施するための新株発行について、「決定権限のある取締役会を構成する各取締役から実質的な決定を行う権限を付与されていたものと認められるから、「業務執行を決定する機関」に該当する」と判示する。したがって、経営会議、経営委員会、常務会、専務会等の合議体のほか、代表取締役社長又は取締役個人であっても、「業務執行を決定する機関」に当たり得ると解されている（木目田＝上島監修・前掲注（2）九三頁〔山田〕参照）。

（注5）社内調査の具体的な方法・手順については、戸嶋浩二＝久保田修平編著『事例でわかるインサイダー取引』（二〇一三年、商事法務）四五六頁以下参照。

（注6）重要事実が公表されない限りインサイダー取引規制は解除されない。会社関係者などのインサイダー取引規制における公表とは、当該上場会社等による①重要事実が二以上の報道機関に公開された後一二時間経過したこと、②上場金融取引所における適時開示、③重要事実が記載された有価証券報告書等が公衆縦覧に供されたことのいずれかの措置をいう（金商法一六六条四項、金融商品取引法施行令三〇条一項一号ないし三号、同条二項）。当該上場会社のウェブサイトでの公表は、法所定の「公表」に該当せず、新聞等のによるスクープ報道も同様「公表」に該当しない（木目田＝上島監修・前掲・前掲注（2）三三二頁〔大野憲太郎〕参照）。

なお、芝原邦爾ほか編著『経済刑法――実務と理論』（二〇一七年、商事法務）四九二頁〔木目田裕〕は、「世の中の大抵の人が知っている情報についてまでインサイダー取引に問うことには疑問があり、『公表』概念の再検討が必要である」と指摘する。

（注7）木目田＝上島監修・前掲・前掲注（2）五九頁〔山田〕参照。

（注8）「職務に関し」の具体例については、木目田＝上島監修・前掲・前掲注（2）六三頁〔山田〕以下が詳しい。また、職務と密接に関連する場合として、戸嶋＝久保田編著・前掲・前掲注

（5）九二頁、九三頁は、①同じ部署の同僚から連絡を受け重要事実を知った場合、②朝会等の場で重要事実を知った場合を挙げており、③勤務時間後の飲み会等において同僚と仕事上の話になり重要事実を知った場合や異なる部署に属する同僚との会話の中で重要事実を知った場合でも、「職務に関し」知った者に該当する可能性があるとする。

なお、「職務に関し知ったとき」の要件が課されているのは、「会社関係者がその特権的地位を利用して重要事実を入手したことを問題とするためである」と解されている（岸田雅雄監修『注釈金融商品取引法 第四巻〔改訂新版〕』（二〇二二年、金融財政事情研究会）一六九頁〔行澤一人〕参照）。

（注9）木目田・上島監修・前掲注（2）五九及び六〇頁〔山田〕参照。

（注10）インサイダー取引規制の趣旨について、監視委は、「有価証券の発行会社の役員等は、投資家の投資判断に影響を及ぼすべき情報について、その発生に自ら関与し、又は容易に接近し得る特別な立場にある。これらの者が、そのような情報で未公開のものを知りながら行う有価証券に係る取引は、一般にインサイダー取引、すなわち内部者取引の典型的なものと言われている。こうした内部者取引が行われるとすれば、そのような立場にある者は、公開されなければ当該情報を知りえない一般の投資家と比べて著しく有利となり、極めて不公平である。このような取引が放置されれば、証券市場の公正性と健全性が損なわれ、証券市場に対する投資家の信頼を失うこととなる。」と説明する（監視委ウェブサイトより）。

（注11）木目田＝上島監修・前掲・前掲注（2）六一頁〔山田〕参照。山口厚編著『経済刑法』（二〇一二年、商事法務）二三四頁〔橋爪隆〕は、職務に関し知ったときに該当するのは、「職務の

遂行過程において、一定の重要な情報に触れる可能性を予定するような場合に限定する必要があろう。」とする。

今後、機密情報の全てがダイレクトに外に伝達されるケースよりも、断片的に一部の機密情報が漏れていくケースが増えると、例えば会社関係者が自らが入手した断片的な外部情報を組み合わせた上で、それと内部情報とを照らし合わせて正確性を再確認してインサイダー取引をする事例が想定される。このような場合、「職務に関し知ったとき」に該当するのか否か問題となるが、積極に解するべきであろう（大山徹「刑事裁判例批評」刑事法ジャーナル七三号一六九頁参照）。

この点に関し、参考になる最高裁判例として、最三小決令和四年二月二五日・刑集七六巻二号一三九頁がある。C社は上場会社であるD社を完全子会社化する方針を固め、証券会社A社とD社株式の公開買付けに係るファイナンシャルアドバイザリー契約を締結したところ、A社のF部に所属する被告人甲が、D社株式の公開買付け前に、乙に実施と公表日を伝達し、乙がD社の株を購入し、公表後にこれを売り抜けて利益を得たため、甲がインサイダー情報伝達の罪で起訴された事案につき、同決定は、「被告人は、その立場の者がアクセスできる本件一覧表に社名が特定されないように記入された情報と、F部の担当業務に関するBの不注意による発言を組み合わせることにより、C社の業務執行を決定する機関がその上場子会社の株券の公開買付けを行うことについての決定をしたことまで知った上、C社の有価証券報告書を閲覧して上記子会社はD社であると特定し、本件公開買付けの実施に関する事実を知るに至ったものである。このような事実関係の下では、自らの調査により上記子会社を特定したとしても、証券市場の公正性、健全性に対する一般投資家の信頼を確保するという金融商品取引法の目的に照らし、被告人において本件公開買付けの実施に関する事実を知ったことが同法一六七条一項六号にいう『その者の職務に関し知つたとき』に当たるのは明らかである。」と判示する。

（注12） 木目田＝上島・前掲・前掲注（2）六二頁〔山田〕参照。

（注13） 会社関係者から職務上、上場会社等の重要な内部情報の伝達を受けた者が所属する法人について、当該法人の役員等が、その職務に関し当該重要事実を知つたときは、第一次情報受領者として規制対象となる（金商法一六六条三項後段）。

（注14） 情報伝達・取引推奨規制違反の罪は（金商法一九七条の二第一四号、一五号、一六七条の二）は、他人の利得又は損害回避という「目的要件」のほかに、情報伝達者が公表前に当該株券等の売買等をし、又は取引推奨を受けた者が公表前に当該株券を買付け若しくは売付け等の取引をしたという「取引要件」を充足することにより成立する。取引要件については、客観的処罰要件と解するべきであろう（大山・前掲注（11）一六七頁参照）。

なお、平成五年法律第六五号により、インサイダー取引違反や情報伝達・取引推奨規制違反の罪は、三年以下の懲役若しくは三〇〇万円以下の罰金に処し、又はこれを併科（法人は三億円以下の罰金）から、五年以下の懲役若しくは五〇〇万円以下の罰金に処し、又はこれを併科（法人は五億円以下の罰金）に引き上げられた（金商法一九七の二第一三号、一四号、一五号参照）。

（注15） 木目田＝上島監修・前掲・前掲注（2）七二〇頁ないし七二三頁〔梅林啓〕参照。

（注16） 実務では、告発に当たり事前に、監視委と検察官とによる告発要否勘案協議会が開かれ、検察

官が告発後起訴できる見込みがあるか否かを判断し、その見込みがあるもののみ受理するという運用が行われている。

（注17）戸嶋＝久保田前掲・前掲注（5）四三四頁参照。

〔中尾　巧〕

国家賠償法

「自衛官の訓練事故」

訓練事故

堀山弁護士がいつものように仕事をしていると、一本の電話が鳴った。電話は、異業種交流会で知り合った松尾剛史社長からだった。

「私がお世話になっていたXさんの息子さんが海上自衛隊に勤務していたのですが、昨年、潜水訓練中に事故でお亡くなりになったそうです。自衛隊から補償の話が出ているのですが、一向に話が前に進まないので、一度弁護士に相談したいとおっしゃっています。私が父親と一緒に事務所にお伺いしますので、話を聞いていただけないでしょうか。」

「分かりました。日程を調整しましょう。」

そう言って、堀山弁護士は面談を承知した。

数日後、松尾社長がXと共に事務所を訪れた。

話を聞くと、Xの長男のY（当時四七歳）は、昭和六〇年に海上自衛隊に入隊し、その後、潜水艦勤務などを経て、平成二二年からM地方総監部の潜水隊員教育訓練部隊の潜水隊に所属し、教育訓練係長のときに、潜水訓練用の水槽での訓練中の事故で亡くなったという。

Xは妻に一〇年ほど前に先立たれ、一人暮らし。

「事故から既に二年経ちますが、ようやく、先月、自衛隊が事故原因の調査報告書を作成したそうです。それによれば、事故は自衛隊側の過失が主因であるが、自衛隊は、息子にも過失があるため、損害賠償することができないと言われました。」

と、Xは納得のいかない顔をしながら説明した。

「自衛隊側に過失があるのに損害賠償ができない、というのは解せませんね。改めて自衛隊側に見解を確認してみようと思いますので、担当者の連絡先を教えてください。」

と、堀山弁護士は言った後、Xから訊いた担当者の連絡先をメモした。

「事故の原因についても、調査報告書を開示してもらえないか、自衛隊に打診してみようと思います。」と、堀山弁護士が言うと、Xは「よろしくお願いします。」と、頭を下げた。

自衛隊側の対応

堀山弁護士は、自衛隊の担当者に電話をして損害賠償ができないとする根拠について質問した。

担当者は「自衛隊には殉職賠償制度がありますが、殉職者の無過失を要件としているため、大変心苦しいのですが、その制度による賠償は難しいということをお父様にお伝えしておりました。ただ、あくまで殉職賠償制度が使えないということで、まったく賠償金の支払いをしないというわけではありません。Y元係長の過失が一部とはいえ否定できないというのが法務当局の見解です。過失割合で意見が対立するようであれば、場合によっては訴訟を提起していただいたほうがいいかもしれません。」と、回答した。

堀山弁護士は「本件の事故については自衛隊が原因の調査報告書を作成したとも聞いています。それは、開示いただけるのでしょうか。」と、訊ねた。

担当者は「申し訳ありませんが、行政文書の開示請求をしていただいて、開示が認められた部分を開示することになります。」と答えた。

早速、堀山弁護士は、「事故調査報告書及びそのすべての添付資料」を開示対象として、行政文書開示請求を行った。

後日、調査報告書の開示決定があり、Yを含む個人名や関係者の階級などがマスキングされた報告書が開示された。

事故原因

報告書によれば、本件事故の原因は次のようなものだった。

潜水隊員教育訓練部隊の検査隊は、平成二八年五月一八日から二〇日まで訓練用水槽の定期検査を実施した。

検査の最終確認として、翌日から、民間企業に委託し、水槽につながる空気管装置（フーカー潜水時にはこの装置から空気が送られる。）の気密試験を実施した。気密試験は、空気管装置に窒素を充てんし、配管の気圧が低下しないかを確認することで空気管装置の気密が保たれているかどうかを検査するものである。

ところが、気密試験は予定より開始が遅れ、また、試験途中に空気漏れが確認されたことから作業が延長され、二一日中に終了しているはずであったが、二三日午前まで続いた。試験が延長されたことは、Yが所属する潜水隊には情報共有されていなかった。

当日午後には潜水訓練が予定されていたが、午前中まで行われた気密試験のため、空気管装置には窒素が残っていた。窒素ガスを自然の空気に入れ替えるガス置換作業が行われていたが、配管に結露が認められたため、この作業が一時中断されていたままとなっていた。

その後、配管に結露がなくなり、ガス置換作業が可能となった。この報告を受けた検査隊の主任検査官Aは、部下の検査官から民間企業の担当者に対し、ガス置換作業の再開をするよう指示しなればならなかったが、再開の指示をしたものと思い込んでいたため、ガス置換作業は中断されたままだった。

当日の午後、潜水訓練の開始準備のため、Yは、フーカー潜水という、地上の空気タンクからホースで空気を送り込む装置を使って潜水作業を開始した。フーカー潜水機の配管には気密試験のために窒素が充填されたままになっていたが、このことに気づかなかったYは、高濃度の窒素を含む低酸素ガスを吸入して意識を失った。

潜水開始から約一五分後、水槽の底に横たわっているYが発見され、直ちに地上に引き揚げられて救急車で病院に搬送されたが、翌日、死亡した。

堀山弁護士は、報告書を読み、Yが潜水訓練で定められた手順を守っていなかったなどという事情もなく、また、気密試験が延長されたとの情報が潜水隊に共有されておらず、空気管装置に窒素が残留していたことをYが予見することも困難であったものといえる、そうすると、Yに過失があるとは考えにくいとの感触を得た。

自衛隊の担当者に確認すると、「Yに過失がないという前提では訴訟外での解決は困難である。」との回答を得たため、堀山弁護士は、国家賠償請求訴訟を提起することとした。

訴訟提起

堀山弁護士は、事務所でXに、事故調査報告書の内容を説明し、Yに過失があるとは考えにくいと考えていること、自衛隊はYに過失があるとの考えであることなどから、国家賠償請求訴訟を提起するという方針がよいのではないか、と説明した。

「息子に過失があるというのは、納得がいきません。お金が欲しいわけではありませんが、せめてきちんとした賠償をしていただきたいと思っています。自衛隊にはお世話になっていたので、裁判をするというのは気が進みませんが、裁判することが仕方ないのでしたら、先生にお願いしたいと思います」と言って、Xは訴訟を提起することを了解した。

堀山弁護士は、早速訴状の起案に取り掛かった。

国家賠償法（以下「国賠法」という。）第一条一項は、「国又は公共団体の公権力の行使に当る公務員が、その職務を行うについて、故意又は過失によって違法に他人に損害を加えたときは、国又は公共団体が、これを賠償する責に任ずる。」と規定し、国又は公共団体が損害賠償責任を負い、故意又は過失のある公務を遂行した故意又は過失のある当該公務員個人は損害賠償責任を負担しないと解されている(注1)。

国家賠償請求権の成立要件は、①公権力性(行為主体が国又は公共団体の公権力の行使に当たる公務員であること)②職務関連性(公務員の職務行為であること)③違法性当該職務行為が違法であること)④故意・過失(公務員に故意又は過失があること)⑤損害の発生(被害者に損害が発生したこと)⑥因果関係(公務員の行為と⑤の損害との間に因果関係が存在すること)である。

国家賠償訴訟では、原告は、①ないし⑥すべてについて主張・立証しなければならないが、今回の事故の原因は、主任検査官Aがガス置換作業再開の指示を思い込みでしなかったという過失に起因することは明らかであり、国家賠償請求をすべて充足しているため、十分に勝訴できると考えられた。

国家賠償訴訟でも、国家賠償法第四条により民法第七二二条が適用され、過失相殺規定の適用があるため、訴訟提起すれば、過失相殺の有無を含め損害論が争点となるだろう。

堀山弁護士は訴状案を持って、X氏の自宅を訪れた。

「訴状案をお持ちしました。訴訟提起の前に内容をご説明させていただきます。」と、切り出した。

「まず、国家賠償請求訴訟は、自衛隊ではなく、国を被告にして提起します。事故調査報告書の記載から、窒素ガスの置換をしていなかったために、息子さんが亡くなられた訳ですが、その原因は主任検査官の過失があることは明らかですので、その点を記載していま す。」と、堀山弁護士は訴状の内容を読みながら説明する。

「国側の過失を前提として、損害がいくらかという議論です。ここが本件の主戦場になりますので、少し詳しめにご説明しますね。葬儀費用ですが、これは実際に葬儀に要した実額が損害です。後でご説明しますが、公務災害補償により葬祭補償として填補されているので、ここは問題になりません。

次に、死亡逸失利益です。逸失利益は、要するに、生きていればもっと収入が得られたはずなのに得られなかった、ということです。これは、事故前の年収をベースに六七歳まで稼働できたはずだ、という前提で、息子さんは事故時四七歳でしたから、二〇年分の給与が得られたはずだ、という計算をすることになります。ただ、生活をしていれば、当然生活コストがかかりますから、割合的に生活費を控除します。息子さんは独居で基本的には扶養家族はおられなかったので、五〇%が相場です。例えば、お父さんが息子さんから定期的に仕送りを受けていた、といった事情はないでしょうか。」と訊ねた。

「毎月の仕送りというわけではないですが、数か月に一回、こっちに顔を出してくれていて、その際はいくらかまとまった現金をおいていってくれました。私は年金暮らしなので、息子のお金でささやかな贅沢をさせてもらっていました。」と、Xが言った。

「なるほど、現金だと履歴は残っていないと思いますが、一回当たりどのくらいの金額でしょうか。」

「そうですね、一〇万〜二〇万円くらいだったと思います。」

「立証は難しいと思いますが、訴状ではひとまず今のお話も盛り込んで、生活費控除率を四五%として主張してみたいと思います。息子さんの事故時の年収が約七五〇万円ですから、そこから四五%を引きます。そこに、二〇年分のライプニッツ係数を掛けます。ライプニッツ係数というのは、ザクっというと、中間利息の控除といって、二〇年分の給与を前払いしてもらう代わりに利息を引きますよ、というものです。

それから、息子さんが定年まで勤めあげていた場合と、事故で亡くなった場合とで、退職金にも差が出ると思います。定年時にいくらの退職金が支払われる見込みだったかというのは、我々の手持ち資料では分かりません。　これは国側に説明を求めて、差額を後で追加請求する、ということを書いていきます。」

堀山弁護士は、一息置いて続ける。

「次に、入通院慰謝料です。事故当日と、翌日の二日だけなので金額は小さいですが、入院したことの慰謝料として五万円を計上しています。その次が、死亡慰謝料です。死亡したご本人にも慰謝料が発生しますし、遺族であるお父さんにも、遺族固有の慰謝料が発生します。独身男性の場合、遺族固有の慰謝料も含めて二〇〇〇~二五〇〇万円程度が相場ですが、訴状では、本人分二五〇〇万円、お父さん分五〇〇万円としています。」

Xが口を挟んだ。

「私も、事故のことを知ってからしばらく体調を崩してしまい、病院に入院していました。今もやはり精神的にはしんどくて、お医者さんに通っています。」

「その点も、訴状に書き足しておきます。ちなみに、どこの病院に何時から何時まで入院されていましたか?」

「近くの浪速ホスピタルです。時期はちょっと分かりませんが、一か月くらい入院していました」

「分かりました。場合によっては、カルテを取り寄せますので、その際はまた委任状を頂戴することにします。」

堀山弁護士は、更に続けて分かりやすく説明した。

「損益相殺という項目があります。これは、既に賠償金の一部として払われているものを差し引くというものです。事故後、遺族には、公務災害補償などで

① 遺族補償一時金　約一六〇〇万円
② 遺族特別給付金　約三〇〇万円
③ 遺族特別支給金　約三〇〇万円
④ 遺族特別援護金　約一八〇〇万円
⑤ 葬祭補償　　　　約一〇〇万円
⑥ 賞じゅつ金　　　約二七〇〇万円

が支払われています。

このうち、①の遺族補償一時金と、葬祭補償は、これまでの裁判例からしても、損益相殺の対象として差し引くべきものとされています。他方、②③④の「特別」とつく費目は、損害を補填する性質のものではなく、公務災害補償制度独自の給付であるから損益相殺の対象とはならない、と考えられています。(注2)

問題は⑥の賞じゅつ金です。これは、自衛隊の訓令によって、特に危険な業務に従事したことによって死亡した場合に支給されるものとされています。訓令によれば「功労の程度に応じて」支給されるものとされていて、損害の大きさによって支給されるものではな

いから損益相殺の対象ではない、との主張をしています。ただ、ここは、損益相殺の対象となるとしている裁判例もあり、金額も大きいので先方からは反論がなされるところだと思います。(注3)」

そして、このような損害賠償請求事件では、損害額の一〇%が弁護士費用として認められるのが一般的ですので、その額も、損害として計上しています。これらの損害を全部合計すると、七〇〇〇万円程度になります。これに、事故日から年五%(注4)の遅延損害金を加えることになります。」

「わかりました。この内容でお任せしたいと思います。よろしくお願いします。」

Xは、じっと訴状を見て頭を下げた。

裁判の争点

堀山弁護士は、訴訟提起し、第一回口頭弁論期日が設定された。国側はいわゆる形式答弁書を提出し、次回期日は弁論準備に付されて約二か月後に設定された。

第二回期日前に、国側は準備書面を提出した。

「国に国賠法一条一項の違法があることは争わないが、Yには、教育訓練の係長として訓練の実施に当たり、訓練及び準備作業を安全に出来るよう、必要な連絡調整を行うべき責務を有していたから、検査担当者に定期検査の終了を確認するなどの連絡調整や確認作業を行わなかったという過失がある。したがって適切な割合で過失相殺されるべきである。損害の一部を争う。死亡慰謝料は九〇〇万円が相当である。また、死亡逸失利益の生活費控除率は四五％となく、五〇％である。賞じゅつ金は損益相殺の対象となる」というのが主張の骨子であった。

約一か月の後の三回期日前に、堀山弁護士は、

① Ｙは、定期検査が延長されたことも、空気管装置に窒素ガスが充填されたままになっていたことも知らされておらず、そのような事態が生じていることを予見することはできなかった。Ｙの職責を考慮しても、本件においてＹに過失があるとはいえない。

② 賞じゅつ金は、功労の程度に応じて支給されるものであって損害の多寡に応じて支給されるものではないから損害を補填する性質ではない、また、訓令によれば特別弔慰金が支給される場合には賞じゅつ金を授与しないことが定められていることからすれば、特別弔慰金と賞じゅつ金は同じ性質であるが、特別弔慰金については損害の填補に当たるとみるのは困難だとした裁判例がある、したがって賞じゅつ金も損害を填補するものではなく損益相殺の対象とはならない。

との反論を記載した準備書面を提出した。

和解の勧試と協議

第三回期日において、国側は「これ以上反論の予定はない」と述べ、裁判所からは「尋問前に和解の可能性があるか、双方において検討されたい」との和解勧試があった。

国側は、和解協議のテーブルにつくかどうかの決裁が必要とのことであり、次回期日までにその検討を行うこととなった。

第四回期日において、国側は「和解協議のテーブルにはつく」との姿勢を示したため、具体的な中身の検討に入ることとなった。

堀山弁護士は、再びX氏の自宅を訪れた。

「私としては和解で円満に終われるのであればそれに越したことはないという思いです。和解の相場も、よくわかりませんので、先生のご意見を伺いたいと思います。」と、Xは言った。

「国も責任を認めて払うべきものは払う、という姿勢を示しているのは評価できると思います。和解する場合、判決となった場合にどのくらいが想定されるかとの兼ね合いで考えることが必要です。今、主張が対立しているのは、主に三つです。一つ目は、死亡逸失利益の生活費控除率が四五％か五〇％かです。金額にすると、五〇〇万円くらいの差がありますます。二つ目は死亡慰謝料です。これは、本人分、遺族固有分との合計で、二一〇〇万円の差があります。三点目は、損益相殺として賞じゅつ金二七〇〇円を引くかどうかです。合計すると約五三〇〇万円程度の差額です。」と、堀山弁護士が説明した。

「判決に至った場合、死亡逸失利益の生活費を五〇％とされる可能性が高いと思いますので、和解でここは譲ってもよいところだと思います。死亡慰謝料は、裁判例を見ても二〇〇〇万～二五〇〇万円程度が相場で、国側の主張する九〇〇万円はさすがに低額すぎます。当方の主張する三〇〇〇万円も、やや高めなので、ひとまず二五〇〇万円までは譲歩してもよいと思います。賞じゅつ金について譲歩するかどうかは、悩ましいですが、国が、Yさんの過失がゼロということを認めるのであれば賞じゅつ金の損益相殺を認める、といった形での交渉はどうかと思っています。賞じゅつ金も引くと、これで、損害は約三三〇〇万円になり、弁護士費用一割と、遅延損害金を足すと、四三〇〇万円くらいになります。ひとまずこの金額で打診してみて、四〇〇〇万円までは譲歩する、というようなことでいかがでしょうか。」

と、堀山弁護士がさらに提案した。

「いろいろ考えてくださってありがとうございます。Yに過失がないという点は譲れませんが、先生のご意見に従いたいと思います。」と、Xが言った。

第五回期日を迎える前、担当裁判官から堀山弁護士に電話があった。

「ご検討状況はいかがでしょうか。」

「生活費控除率や死亡慰謝料は譲歩できますが、原告には過失はありませんので、過失相殺をしないという前提であれば、賞じゅつ金の損益相殺は譲歩します。当方としては、弁護士費用及び遅延損害金を考慮して四三〇〇万円での和解を希望します。」と、堀山弁護士は伝えた。

担当裁判官からは、次のような発言があった。

「和解なので弁護士費用や遅延損害金を全額認めるかどうかという点、死亡慰謝料二五〇〇万円は赤本基準(注5)の一番高いラインなので、和解としてそれが妥当なのかどうかという点はやや気になっています。期日までに国側とも調整します」

第五回期日で、ラウンド法廷で堀山弁護士は担当裁判官と個別に面談した。

「双方の意見を聴いた結果、四〇〇〇万円で国側に調整してもらうのが良いかと思っているのですが、原告のご意見はいかがでしょうか。」と、裁判官からの提案があった。

「四〇〇〇万円であれば、原告も応諾できます。ただし、和解条項に書かれるわけではないですが、原告はあくまで過失相殺をしないというのが前提です。また、四〇〇〇万円を下回るとなると原告も納得しないと思います。四〇〇〇万円で調整いただくよう国側に念押しをお願いします」と、堀山弁護士が答えた。

和解の成立

堀山弁護士がラウンド法廷を退出し、国側が担当裁判官と和解協議に入った。

呼出に応じ、法廷に入ると、担当裁判官は言った。

「被告側は、官房長官、大臣決裁まで必要とのことですが、現場レベルでは、四〇〇〇万円の和解に応じる方向で調整する、ということでした。また、口外禁止条項を付してほしいとのことですが、原告のご意向いかがでしょうか。」

「原告としても、本件が周囲に広まるのは避けたいので、口外禁止条項を付していただくのは異存ありません。」と堀山弁護士は答えた。

国が決裁を得るのに四か月かかるとのことだったので、次回期日は四か月後に設定された。

四か月後、無事に和解が成立し、定められた期限に和解金が事務所の口座に入金があった。

た。

堀山弁護士はX氏の自宅を訪れた。

「ようやく、和解が成立しました。後日、事務所から、弁護士報酬等を差し引き、和解金をお父様の口座に振り込ませていただきます。長い間、お父様も疲れ様でした。訴訟の結果を、息子さんにも報告させていただいてよいでしょうか。」

堀山弁護士は、そう言って仏壇の前で手を合わせた。

（注1）深見敏正『国家賠償法［改訂版］』（二〇二一年、青林書院）二五五頁以下、最二小判昭和五三年一〇月二〇日・民集三二巻七号一三六七頁参照。

（注2）民間の場合、労災保険により、福祉事業の一環として、休業特別支給金、傷害特別支給金等の特別支給金が支給されるが、保険給付と異なり損害賠償との調整規定がないことを理由に、特別支給金は損害を添付する性質のものではないから損益相殺の対象とはならないとされている（最判平成八年二月二三日・民集五〇巻二号二四九頁参照）。公務災害についても、特別支給金は福祉事業の一環として支給されるものであり、同様に考えられる。

（注3）賞じゅつ金と同じ性質と考えられる特別弔慰金について東京地判昭和五六年一月二三日・訟務月報二七巻三号四五六頁は、損害の填補に当たるとみるのは困難であるとしている。他方、名古屋地判平成二二年三月二四日・LLI/DB判例秘書登載は、消防職員の賞じゅつ金について「危

険公務に当たる被災者の功労を讃え、その労に報いるという趣旨のみならず、被災者自身ないしその遺族を見舞い、その精神的苦痛を慰謝するとともに、それらの職にある者が後顧の憂いなくその職務を遂行できるようにするため、被災者や遺族のその後の生活の安定を図る目的をも有しているものと解するのが相当である。従って、これら金員は損害てん補の性質を有する」としている。

（注4）本件は、平成二九年法律第四四号による民法改正（令和二年四月一日施行）前の事案であるため遅延損害金は法定利率五％である。改正民法では、法定利率は年三％とし、法務省令により、三年ごとに変動するものとされている（民法四〇四条）。不法行為に基づく遅延損害金は不法行為時に発生するから、不法行為時点の法定利率によることとなる。

（注5）不法行為に基づく損害賠償請求については、公益財団法人日弁連交通事故相談センター東京支部編「民事交通事故訴訟損害賠償額算定基準」（通称「赤い本」）などを参照することも多い。

〔堀内　聡〕

第五部

国際編

入管法

「資格外活動」

ホステスのアルバイト

ある日、柳生弁護士は、忘年会の二次会で勝元土木の亀井社長と北新地に繰り出した。

「社長さん、今日のお連れの方、紹介してくださいますか。」

「うちの顧問の柳生先生です。」

亀井社長が柳生弁護士を「ダン」のママに紹介した。

「ダン」は北新地の外れの小さなクラブである。ママは「檀すみれ」といい、元タカラジェンヌ。ママを目当てに通う常連客は多い。亀井社長もその一人だ。

「檀すみれと申します。」

すみれママは帯元からかわいい名刺を差し出して丁寧に挨拶した。

「柳生です。よろしく。粋な着物ですね。よくお似合いですよ。」

「先生に、そうおっしゃっていただいてうれしいですわ。」

「先生も口がうまいですなあ。」と、亀井社長が口を挟んだ。

水割りで乾杯し、エンゼルスの大谷翔平選手のホームラン話で場が盛り上がったあと、

「柳生先生、少し質問させていただいてもよろしいでしょうか。」

と、すみれママが言った。

「はい。何でもどうぞ。」と、柳生弁護士。

「先日、馴染みの大学教授の方が、韓国から日本に留学している李さんという女子学生とご一緒におみえになられたのです。李さんは、既に日本に来て半年経ったので、できれば私の店でアルバイトさせてもらえないかと、教授から頼まれたのですよ。週三日くらいで、一日三時間程度なら学業には差し支えないと、教授も言っておられました。」

「それで、ママさんは了承されたのですか。」

「いいえ、直ぐにはご返事しませんでした。李さんは日本語も流暢に話しますし、二二歳と若く色気もあり、申し分ないのですが、学生さんですし、いいのかどうかよくわからないので、教授には、ひとまず、考えさせてくださいと申し上げました。」

「それはよい対応だったと思いますよ。李さんは、残念ながらママの店でアルバイトはで

きません。」

「先生、留学生のアルバイトは禁止されているのですか。」

「原則はそうです。」

「先生、詳しく教えていただけませんか。」

資格外活動許可

「出入国管理及び難民認定法（以下「入管法」という。）は、重要な事項が政省令や告示によって定められていますし、その数も極めて多いため、全体を理解するのが難しい法律です。簡単に説明するとなると、結構難しいものですよ。」

「そこを先生、是非お願いします。」と、すみれママが頭を下げる。

「日本に在留する外国人は、在留資格を取得し、その在留資格に対応する活動を行って在留しなければならないとされています。例えば、留学の在留資格を有する外国人留学生は、大学等の教育機関で教育を受ける活動を行って在留しなければなりませんし、収入を伴う事業を運営する活動又は報酬（「臨時の報酬等」は含まれない。）を受ける活動（以下「就労活動」という。）を行うことはできないのです。(注1)

もっとも、当該外国人がその在留資格に対応する活動の遂行を阻害しない範囲内で就労活動を行うことを希望する旨の申請をし、(注2)出入国在留管理庁長官が相当と認めるときは、その許可(以下「資格外活動許可」という。)をすることができるとされています。(注3)したがって、外国人留学生も資格外活動許可を受ければ、就労活動ができるようになっています。この場合に、出入国在留管理庁長官は資格外活動の許可に必要な条件を付すことができます。」と、柳生弁護士が簡潔に説明をした。

「どのような条件が付けられるのですか。」と、亀井社長が訊ねた。

「入管法一九条二項の規定により、入管法施行規則一九条五項は一号から三号のいずれかによる条件を付して新しい許可する活動を定めています。一号の場合は、一週について二八時間以内の就労活動です。これは個別的又は就労先等を限定しない包括的な資格外活動の許可です。ですから、留学の在留資格を有する外国人留学生についても、学費その他生活費などを補う目的で、勉学に支障がでない範囲内に限って資格外活動許可を受ければ、一週について二八時間以内の就労活動ができます。ただし、教育機関に在籍している間に限られます。」

「先生、李さんの場合も、資格外活動許可を取れば、大学に在籍している間、私の店でホステスとしてアルバイトをさせてあげてもいいのですか。」

「それがだめなのです。風俗営業関係の仕事については、資格外活動許可をすることができないことになっているのですよ。(注4)」と、柳生弁護士が答える。

「そうですか。教授にはお断りしておきますわ。資格外活動許可を取って普通の飲食店などでアルバイトするように言っておくことにします。先生、先ほど、一週について二八時間以内という制約があるとおっしゃっていましたね。」

「そのとおりですよ。ただ、大学生ですから、夏休みなど大学の長期休暇期間中は、一日について八時間以内のアルバイトができることになっています。(注5)教授に教えてあげてくださいね。」と、柳生弁護士が付け加えた。

不法就労助長罪

「参考までにお訊きしたいのですが、仮に李さんを私のお店でアルバイトとして雇ったらどうなりますか。」と、すみれママが訊ねた。

柳生弁護士が説明を始めた。

「そうですね。入管法違反、つまり不法就労助長罪に当たるでしょうね。この罪は結構、重いんです。入管法七三条の二第一項一号では、事業活動に関し、外国人に不法就労活動させた者は、三年以下の懲役若しくは三〇〇万円以下の罰金に処せられるか、又は罰金が併科されるのです。不法就労活動をさせる典型例は、就労活動のできない外国人を自ら経営する会社の従業員として雇用し、その者に報酬を支払って仕事させることですね。これでお分かりになったと思いますが、ママさんが、自分が経営するクラブ「檀」で、留学生の李さんにアルバイトをさせることは、ママさんの事業に関し、李さんに不法就労活動をさせることになりますね。」

「李さんの方はどうなるのですか。」と、すみれママが確認した。

「資格外活動で不法就労になりますね。(注6)」

「先生、私のような経営者が外国人を雇用しようとする場合、その外国人が就労資格があるかどうか、どのように確認すればいいのですか。」と、隣の亀井社長が訊ねた。

「良い質問ですね。現在は、在留資格を有する外国人で三月を超える在留期間で在留する者など『中長期在留者』には在留カードが交付されています。(注7)在留カードには、在留資格、在留期間、その満了日や就労制限の有無などが記載されています（入管法一九条の四第一項参照）ので、それを確認すればよいのです。資格外活動許可を受けている中長期在留者であれば、その旨在留カードに記載されています。また、資格外活動許可書（入管法施行規則一九条四項）や就労資格証明書（入管法一九条の二第一項）の交付を受けている者についてはそれを提出させて確認することもできますよ。」

「良く分かりました。」と、亀井社長が言った。

すると、柳生弁護士は、次のように解説した。

「そうそう、ひとつ付け加えておきたいことがあります。かつて不法就労助長罪が故意犯であるため、例えば、雇用主が、外国人の在留資格等をあえて確認しないで不法就労させたとしても、就労活動を行うことができない外国人であることを知らなかったと弁解した場合、不法就労助長罪の立件が困難になるという問題が生じていました。

そこで、平成二一年の法改正で、入管法七三条の二に第二項を追加し、不法就労を助長する行為をした者は、過失がないときを除き、①当該外国人の在留資格に応じた活動に属しない就労活動であること、②当該外国人が資格外活動許可を受けていないこと、又は③当該外国人が不法入国者、不法上陸者又は不法残留者等であることを知らないことを理由として不法就労助長罪による処罰を免れないことにしたのです。例えば、「留学」の在留資格で在留する外国人を雇用してアルバイトさせた雇用主は、当該外国人が資格外活動許可を受けていないことを知らなかったとしても、そのことについて過失がある場合には処罰できるのです。要するに、外国人を雇用するに当たって在留カード等の記載事項の確認を十分に行わなかった場合には過失があるとされるでしょうね。（注8）」

「なるほど、良く分かりました。先日、ミナミのクラブで私に付いた若い外国人ホステスは、観光目的で来日したと言っていました。どんな在留資格で働いているのですかね。」と、亀井社長が質問した。

「在留資格は『短期滞在』だと思います。就労活動ができない在留資格です（入管法一九条二項参照）ので、資格外活動で不法就労になりますね。」と、柳生弁護士が答えた。

在留資格の取消し

「先生、外国人留学生の中には、資格外活動許可を受けていても、大学の授業にほとんど出ないで、外食チェーン店などでアルバイトしている、そんなケースが結構あるように思いますね。」と、亀井社長が言った。

「そうだね。大学側も対応に苦慮しているようですよ。最近では、大学側も学生の授業の出欠を厳しくチェックしているようです。大学に出て来ない留学生は、おそらく除籍か退学処分になると思うのですが、その場合、大学は、処分をした日から一四日以内に出入国在留管理庁長官に対し、留学生を除籍又は退学させたことなどを、地方出入国在留管理局に書面を提出して届出するよう努めなければならないことになっています。(注9)一方、除籍・

退学になった留学生は、同様に除籍・退学したことなどを届出しなければなりません。[注10]」

「除籍・退学になった留学生は、在留期間が残っていれば、そのまま日本に居続けてもいいのですか。」と、すみれママが訊ねた。

「かつては、在留資格を有する留学生は在留期間が残っている限り、他の大学等に入学しなくても、そのまま在留期限まで日本に居続けることができました。」

「留学のための勉強もしていないのに、在留資格を取り消すことはできなかったのですか。」と、亀井社長が疑問を口にした。

「当時は、そのように在留資格が形骸化している事情があったとしても、在留資格の取消しができる規定はなかったために、いろいろと問題が生じていたのです。現在では、例えば外国人留学生が、大学に入学後一度も授業を受けることなく、住込み工員として働いている場合とか、不登校を理由に大学を除籍され、その後三か月以上継続して留学生としての活動を行っていない場合には、在留資格を取り消すことができるようになったのです。[注11]ただし、正当な理由がある場合には取り消されません。」と、柳生弁護士が答えた。

「どのような場合に正当な理由があると認められるのでしょうか。」と、すみれママが質問した。

「例えば、免疫学を専攻する留学生の担当教授が他大学に転出し、免疫学の講座がなくなったため、当該留学生が三か月以上休学していても、その間、他大学への転籍等を検討・準備しているような場合には正当な理由が認められるでしょうね。」

「よく分かりましたわ。」と、すみれママ。

頃合いをみて亀井社長が促した。

「先生、明日のゴルフをご一緒させていただきますので、そろそろ、引き上げましょうか。」

「そうですね。」

そう言って柳生弁護士は席を立った。

（注1）出入国管理及び難民認定法（以下「入管法」という。）一九条一項一号参照。ここでいう臨時の報酬等とは、業として行うものではない講演に対する謝金、日常生活に伴う臨時の報酬その他の法務省令で定める報酬をいい、出入国管理及び難民認定法施行規則（以下「入管法施行規則」という。）第一九条の三により、次のように規定されている。

①業として行うものではない次に掲げる活動に対する謝金、賞金その他の報酬

イ　講演、講義、討論その他これらに類似する活動

ロ　助言、鑑定その他これらに類似する活動

ハ　小説、論文、絵画、写真、プログラムその他の著作物の制作

ニ　催物への参加、映画又は放送番組への出演その他これらに類似する活動

② 親族、友人又は知人の依頼を受けてその者の日常の家事に従事すること（業として従事するものを除く。）に対する謝金その他の報酬

③ 留学の在留資格をもつて在留する者で大学又は高等専門学校（第四学年、第五学年及び専攻科に限る。）において教育を受けるものが当該大学又は高等専門学校との契約に基づいて行う教育又は研究を補助する活動に対する報酬

臨時の報酬等を受ける活動は、就労活動としての報酬を受ける活動でないものとされ、入管法一九条一項において行ってはならないと定められている活動にも該当しない（髙宅茂『入管法概説』（二〇二〇年、有斐閣）三四頁参照）。

（注2） 資格外活動許可を申請する者は地方出入国管理在留局に出頭して必要な書類等を提出する必要がある。許可されると、資格外活動許可書が交付される。手続の詳細は、入管法施行規則一九条参照。

（注3） 入管法別表第一の一及び二の在留資格や「特定活動」の在留資格で在留する外国人についても、それぞれの在留資格に対応する活動に属しない就労活動を行ってはならないとされている（入管法一九条一項一号）が、資格外活動許可を受ければ、当該在留資格に対応する活動の遂行を阻害しない範囲内で当該活動に属しない就労活動を行うことができる。この場合も、出入国在留管理庁長官は必要な条件を付すことができる。

（注4） 入管法施行規則一九条五項一号では、「風俗営業等の規制及び業務の適正化等に関する法律二条一項に規定する風俗営業、同条六項に規定する店舗型性風俗特殊営業若しくは同条一一項に規定する特定遊興飲食店営業が営まれている営業所において行うもの又は同条七項に規定する

無店舗型性風俗特殊営業、同条八項に規定する映像送信型性風俗特殊営業、同条九項に規定する店舗型電話異性紹介営業若しくは同条一〇項に規定する無店舗型電話異性紹介営業に従事するもの」については資格外活動として許可されないものとされている。

（注5）在籍する教育機関が学則で定める長期休業期間にあるときは、一日について八時間以内の就労活動を行うことができる（入管法施行規則一九条五項一号）。

（注6）入管法七三条は、七〇条一項四号に該当する場合を除き、一九条一項に違反し、就労活動を行った者は一年以下の懲役若しくは禁錮若しくは二〇〇万円以下の罰金に処せられ、又はその懲役若しくは禁錮及び罰金を併科すると規定する。不法就労活動を専ら行っていると明らかに認められる者は、七三条違反者から除かれ、七〇条一項四号で処罰される。法定刑は、三年以下の懲役若しくは禁錮若しくは三〇〇万円以下の罰金、又はその懲役若しくは禁錮及び罰金の併科である。

（注7）入管法一九条の三参照。同条の中長期在留者とは、日本に在留資格をもって在留する外国人のうち、①三月以下の在留期間が決定された者、②短期滞在の在留資格が決定された者、③外交又は公用の在留資格が決定された者、④これらに準ずる者として法務省令で定めるもの以外の者をいう。

（注8）多賀谷一照＝高宅茂『入管法大全』（二〇一五年、日本加除出版）七三〇頁参照。

（注9）入管法一九条の一七、入管法施行規則一九条の一六参照。本条の届出については、郵便又は信書便（レターパック等）でするときは、東京出入国在留管理局にすることができる（同条三項）。

（注10）入管法一九条の一六、入管法施行規則一九条の一五参照。

（注11） 平成一六年法律第七三号により、入管法別表第一又は第二の在留資格をもって在留する外国人について、在留資格取消事由（入管法二二条の四第一項の一号から一〇号までに掲げる事実）が判明した場合に、その外国人が現に有する在留資格を取り消し、その在留を打ち切る在留資格取消制度が新設された（入管法二二条の四参照）。説例の外国人留学生の場合は、五号の取消事由（別表第一の在留資格をもって在留する者について当該在留資格に対応する活動に属する活動を行っておらず、かつ、他の活動を行い、又は行おうとして在留していること）、又は六号の取消事由（別表第一の在留資格をもって在留する者が当該在留資格に対応する活動を継続して三月（「高度専門職二号」をもって在留する者にあっては、六月）以上行わないで在留していること）に該当する。

取消しを受けた外国人の有する在留資格は消滅し、当該外国人は在留資格を有しない状態になるが、一定の場合には、三〇日を超えない範囲内で出国するために必要な期間が指定され、この指定を受けた外国人は当該期間を経過するまでの間は、引き続き適法に在留することができる（入管法二二条の四第七項）。

〔中尾　巧〕

国際取引法

「インドネシア進出」

三代目社長

柳生弁護士は、淀屋橋タオルの鳥谷社長と寿司屋「とらや」で談笑していた。淀屋橋タオルは今年で創業一〇〇年を迎える老舗のタオルメーカー。手触りの良いタオルは、日本国内で高い評価を受けており、冠婚葬祭の引き出物の定番である。三代目社長である鳥谷社長と柳生弁護士は、大学の同級生で、十数年来の友人関係にある。

「柳生、父親の跡を継いで一〇年になるが、会社をもっと大きくするために、僕の代で、本格的な海外進出を考えているんだ。実は、大手アパレルなどに勤めていたので、その人脈などを使い、情報収集をしているんだが、コンサル会社にも相談して、まずは、人口が多く、マーケットとして魅力的なインドネシア(注1)への進出を考えているんだ。」

鳥谷社長は、伝統を重んじながらも、革新的なデザインの商品開発を進めており、中でも新ブランドＴＯＲＡは、「高品質でおしゃれ」と、若い世代からの評判も高い。モノが売れないと言われる時代でも、売上を堅調に伸ばしている。「これからの時代は、法務の強化だ」というのが社長の持論だ。一方、柳生弁護士は淀屋橋タオルの顧問弁護士として様々な案件に対応している。

「実に君らしい、思い切ったチャレンジだね。少し前に、ジャカルタ観光をしたが、中心部は、東京と遜色ないね。高層ビルが建ち並んでいて、物価も日本とあまり変わらない。若者が多く、とにかく活気に溢れていた。うかうかしていると、日本は、あっという間に経済的に追い越されてしまんじゃないか、と強い危惧感を抱いたね。」と、柳生弁護士が言った。

「そうなんだよ。このタイミングで、何としても今回の海外進出を成功させたいと思っている。柳生には、どうか法務面でサポートをお願いしたい。今後、話が具体化すれば、インドネシア企業との間で契約書を交すことになると思う。」

「そうだね。相手が海外企業となれば、英文契約書で詳細にルールを定めるのが基本だね。商習慣のみならず、言語や文化も違う者同士が取引をするんだから、詳細にルールを定めず、日本企業同士の取引のように暗黙の了解で取引を進めてしまうと、トラブルになってしまうね。英文契約書では、契約文言の解釈の違いから発生する将来の紛争の予防のため、冒頭に定義条項を設けて、それぞれの契約文言が何を意味するのかを細かく規定することも一般的だよ。僕自身、海外案件が専門でないので、うちの事務所の大原友和弁護士を紹介するよ。彼は、アメリカのロースクールに留学して、ニューヨーク州の弁護士資格を取得し、ジャカルタの法律事務所で研修を積んだんだ。」

「柳生の法律事務所には、色々な人材がいるんだね。ぜひお願いしたい。」と、鳥谷社長が言った。

インドネシアの外資規制

三日後、柳生弁護士から一通り事情を聞いた大原弁護士は、淀屋総合法律事務所で鳥谷社長と打合せを行った。

「具体的には、どのような方法で、インドネシアの進出を検討されているのですか。海外進出と一口に言っても、進出先に拠点を設けるか否かによって進出方法は大きく異なります。拠点を設けるのであれば、現地の法規制を踏まえて、新たに株式会社を設立するほか、既存企業の買収などが考えられます。(注2)一方で、拠点を設けないのであれば、現地企業を販売店や代理店としたり、フランチャイズ化したりするほか、日本からのEC販売(ネット販売)が考えられます。EC販売をサポートしてくれる業者がインドネシアにもありますよ。」と、大原弁護士は言った。

「まずは、拠点を設けない方法での進出を考えています。ただし、将来的には、タオルの製造や販売の拠点をインドネシアに設けることも視野に入れています。やはり、現地に拠点を設けるとなれば、ハードルは高くなってしまうのでしょうか。」

「そうですね。拠点を設けるとなれば、ベトナム、タイ、フィリピンなどの他の東南アジア諸国もそうですが、インドネシアにも外資規制があります(注3)。外資規制とは、自国の安全と経済を守るため、外国資本(外資)の参入を規制するものです。インドネシアでは、会社法上、原則、株主は二名以上とされているのですが、細かい話を措くとして、現地に、貴社の一〇〇%出資で株式会社を設立することを想定します。この場合、外資の参入が禁止されている業種や参入自体は認められたとしても、参入が制限されている業種があります。具体的には、会社における外資比率が一定割合に制限されていたり、現地企業とのパートナーシップが条件となっていたりします。外資比率の制限の場合、例えば、『外資は四九%以内』と制限されていれば、五一%の株式は、現地の人や企業が保有する必要があるため、共同出資をして合弁会社を設立することを余儀なくされます。」と、大原弁護士が詳しく説明した。

「インドネシアでタオルの製造や販売はできるのでしょうか。」と、鳥谷社長が質問した。

「インドネシアでは、外資の呼び込みのため、二〇二〇年に大きな法改正があって外資への開放が一気に進みました。(注4) 現在、インドネシアでタオルの製造や販売を業とする株式会社を設立することは可能ですが、あくまでも現時点の話で、今後、外資規制の内容が変更されてしまう可能性があります。常に最新情報をチェックする必要があります。いざ話が具体化する場合には、インドネシアの現地弁護士の協力を得ながら、監督官庁である投資調整庁（ＢＫＰＭ）に確認して、投資を検討している業種が外資規制の対象となっているか否かをチェックする必要もあります。ジャカルタの法律事務所のインドネシア人弁護士と協同で対応することはできますので、必要があれば、そのときにおっしゃってください。」と言って、大原弁護士は次のような問題点を指摘した。

「アウトバウンド案件」と呼ばれる日本企業による海外への進出案件であれば、主に現地の法規制が問題となるので、(注5) 現地の弁護士やコンサルタントの協力は必要不可欠である。日本で専門的に海外案件を取り扱う、いわゆる「渉外弁護士」に求められる役割の一つに、このような現地の弁護士やコンサルタントとの「橋渡し機能」が挙げられる。この種の事案に精通する弁護士やコンサルタントの選定に始まり、クライアントの要望を踏まえて、現地の法規制を念頭に置きながら、現地の弁護士やコンサルタントとやり取りをして、案件を進めていく。

例えば、クライアント企業の担当者をメールのCCに入れながら、英語で現地の弁護士にメール質問をする。時には通訳としての役割をこなしながら、現地の弁護士との英語会議をリードすることもある。ビジネス英語を中心とする語学能力のほか、現地の法規制への理解度に加えて、現地の弁護士やコンサルタントとのネットワークを有するのかも、渉外弁護士の力量を示すものとなる。渉外弁護士が、海外ロースクールへの留学、現地の法曹資格の取得、現地の法律事務所での研修をするのも、力量アップのためである。日本に帰国してからも、海外法令について情報のアップデートに努めながら、国際会議に参加したり、定期的に現地の法律事務所やコンサル会社を訪問したりして、ネットワークを広げていく、といった地道な取組みが求められる。

大企業であれば、海外ロースクールに企業派遣された法務部員を抱え、日本の渉外弁護士による橋渡し機能の内製化を進め、自ら現地の弁護士を選定し、直接のやり取りをしていることもしばしば見られるが（日本の渉外弁護士を関与させることによるコストのカットにも繋がる。）、このような内製化を進めている中小企業は少ないのが実情だ。そもそも社内に英語ができる人材がいないという問題を抱えている会社も少なくない。

インドネシア進出の留意点

「外資規制についてはよく分かりました。その他、インドネシアに拠点を設ける際には、どのような留意点があるでしょうか。」と、鳥谷社長が続けて質問をする。

「インドネシアでは、外国人や外国企業が一株でも保有すれば、『ＰＭＡ企業』と呼ばれる外資企業となり、『大企業』扱いとなります。そして、設立時の最低払込資本金として、一〇〇億ルピア（令和五年六月三〇日時点の為替相場で約九六三六万円）が求められるほか、原則、業種ごとに、一〇〇億ルピアの投資が求められる、という最低投資総額の規制もあります。端的には、それなりのお金を準備しなければ、外資企業は、インドネシアに株式会社を設立することはできません。ですから、外資規制が厳しい国であれば、同じような話がありますが、インドネシアでも、インドネシア人やインドネシア企業が外国人や外国企業のために代わりに株式を保有して株式会社を設立し、彼らの指示に従って会社を運営する、という『ノミニー』（名義貸し）スキームが広く行われています。ただし、外資規制の潜脱ですので、決して推奨されるものではなく、リスクが低いとはいえないグレーな方法です。」と、大原弁護士は、簡潔に説明した後、一息置いて話を続けた。

「事業を進めるためには、監督官庁で許認可を取得する必要がありますし、店舗や工場を作るのであれば、事業用地をどのように取得するのかも問題となります。インドネシアでは、所有権は、原則、インドネシア国民のみが保有することが認められているなど、特殊な不動産の法規制があり、外資企業は、所有権ではなく、建物の建設や保有を目的とする『建設権』と呼ばれる権利を取得するのが一般的です。さらに、インドネシア人をスタッフとして雇用するとなれば、日本と比べても労働者保護に手厚いとされるインドネシア労働法や、活発な組合活動を踏まえた対応も求められます。今後、インドネシア以外の国への進出を考える際にも、今お伝えした観点で、現地の法規制を調査することは有用です。」と言って説明を終えた。

「お陰様で、海外に拠点を設ける際のイメージを掴むことができました。ところで、先ほど、お伝えしたとおり、拠点を設けない方法での進出を考えており、今後、現地企業を販売店や代理店とする方向で話を進めていきたいと思っています。なんとなく分かっているつもりですが、販売店と代理店は、どのように違うのでしょうか。」と、鳥谷社長が訊ねた。

「販売店とは、英語ではDistributorと言われます。貴社のようなメーカーが、販売店に製品を売却し、販売店が現地で転売することで、販売店を介して現地で製品を販売します。

メーカーと販売店との契約関係は、基本的には売買契約で、販売店は売買の当事者となります。一方で、代理店とは、英語ではAgentと言われます。代理店は、自らは売買の当事者とはならず、メーカーと顧客との間の売買契約の締結を手助けします。販売店が転売差益で利益を上げる一方で、代理店はメーカーから一定の手数料を得るのが一般的です。メーカーと代理店との契約関係も売買契約ではなく、基本的には委任契約です。代理店を細かく分けると、契約締結権限を持つ場合と、そのような権限を持たず単に紹介、取次を行うだけの場合があります。このように、販売店と代理店では、性質が全く異なりますので、締結すべき契約書の内容も異なります。なお、販売店のことを代理店と呼んだりすることもありますので、注意なさってください。」

「なるほど。何とかなく分かったつもりになっていましたが、販売店と代理店では、全く違うのですね。弊社としては、現地企業の販売力に期待して、弊社とは独立した立場で、どんどん販路を拡大してもらいたいので、販売店で進めていくつもりです。今後、コンサル会社にも相談しながら、提携先となる販売店を探しますので、話が具体化すれば、その段階で再度相談させてください。」

と、鳥谷社長は満足した様子で事務所を後にした。

提携先

三か月後、大原弁護士の直通電話が鳴る。鳥谷社長からだった。

「大原先生、ご相談していたインドネシアへの進出の件ですが、提携先となる販売店が見つかりました。これから先方と詳細を詰めていくところですが、先方から送られてきた英文契約書があります。今からメールで送りますので、チェックしていただき、今後の進め方について相談させてください。」

鳥谷社長の話によると、短期間ではあるが、自らインドネシアに五回も足を運び、提携先として絞り込んだ三つの販売店候補をそれぞれ訪問したという。通訳を入れながらも、慣れない英語や覚えたてのインドネシア語を駆使して、各社のインドネシア人代表と商談を重ねるなど、提携先となる販売店探しに奔走されたようだ。このような精力的な活動が実を結んで、提携先となる販売店としてジョコ株式会社が見つかり、先方から、第一案として送られてきたのが、先ほど、鳥谷社長から送られてきたメールに添付された Exclusive Distribution Agreement（独占的販売店契約書）であった。

大原弁護士は、直ぐに日程調整を行い、二日後、淀屋総合法律事務所で鳥谷社長と打合せを行うことになった。

英文契約書

「鳥谷社長、お送りいただいた英文契約書を確認しましたが、ずいぶんと販売店に有利な内容になっていますね。鳥谷社長も承知されている内容でしょうか。」

「やはり、そうですか。Ｇｏｏｇｌｅ翻訳にかけて読んでみたのですが、私もそんな印象を受けていました。先日のお電話でお伝えしたとおり、これから先方と詳細を詰めていくところですので、今回の契約書は、あくまでも先方の希望と理解すれば良いかと思っています。今後、どのような点に留意すべきでしょうか。」

「まず、特に重要な点に絞って申し上げると、Exclusive Distribution Agreement（独占的販売店契約書）という表題からも分かりますが、Exclusive Appointmentと第一条に規定されており、テリトリー（Territory）とされるインドネシアでは、貴社は、ジョコ株式会社以外の会社を販売店に任命することはできません。」

「当社としては、できる限りインドネシアでの販路を拡大したいので、他の販売店の任命も考えています。」

「独占権を付与することで、販売店のモチベーションが高まり、積極的に人員・施設の拡充を促すこともあるのですが、他の販売店を任命する可能性があるのであれば、独占権を付与しないのが無難でしょう。なお、仮に独占権を付与するのであれば、テリトリーをインドネシア全域とするのではなく、インドネシアの一部の地域に限定するなど、テリトリーを制限することが考えられます。その他、独占権を付与する場合には、販売店に競合製品の取引を制限して貴社の製品の販売促進に専念してもらうことを条件とすることや、貴社による直接の販売を例外として許容することが考えられます。」

などと、大原弁護士はアドバイスした。

「独占権を付与するか否かが重要な交渉ポイントになりそうです。」と、納得した様子の鳥谷社長。

準拠法

続いて、大原弁護士は、準拠法の説明を始めた。

「契約書では準拠法がインドネシア法になっていますね。準拠法とは、この契約書に関する紛争について、どの国の法律に従って解釈されるのかという問題です。インドネシア法だからといって直ちに貴社に一方的に不利になるわけではないものの、予測可能性の観点から、貴社としては、まずは、日本法を準拠法としたいところですね。また、日本法を準拠法とするのであれば、同じく予測可能性の観点から、ウィーン売買条約(注6)の適用を排除する旨を明記するのが無難です。」

「先方がどうしてもインドネシア法を準拠法にしてくれと要望した場合、どうすべきでしょうか。」と、鳥谷社長は心配顔で訊ねた。

「先ほど申し上げたとおり、インドネシア法になったからといって直ちに貴社に一方的に不利になるわけではありませんので、それに応じるのが一つの選択肢です。この点で貴社が妥協する代わりに、その他の点で先方の譲歩を引き出す、という交渉戦略も考えられます。ただし、準拠法がインドネシア法となるのであれば、インドネシア人弁護士のリーガルチェックは必ず受けましょう。その他、例えば、シンガポールのように中立的な第三国の法律を準拠法とすることも考えられます。」

「準拠法の条項の中に、インドネシアの裁判所で紛争解決する旨が規定されているように思うのですが、これも日本の裁判所とした方が良いのでしょうか。」

「日本の裁判所で紛争解決する旨を合意したとして、ジョコ株式会社が製品の購入代金を支払わないという紛争に発展し、何とか日本の裁判所で勝訴判決を得てそれが確定したとしても、日本の裁判所における勝訴判決は、インドネシアではただの紙切れ同然です。ジョコ株式会社は日本に財産はありません。勝訴判決をもって、ジョコ株式会社がインドネシアに保有する財産を差し押さえる強制執行もできません。」

「では、このような紛争に発展してしまうことを想定して、敢えてインドネシアの裁判所で紛争解決する旨を合意するしかないですね。」と、鳥谷社長。

「それもお勧めしませんね。新興国に見られる特徴ですが、残念ながら、インドネシアでは、徐々に改善されていると言われるものの、裁判官が当事者に賄賂を求めるなどの不正が未だに横行していると言われています。二〇二〇年のインドネシアでの研修時代に、現地で複数のインドネシア人弁護士にこの点を訊ねてみましたが、裁判官への賄賂は存在するとのことでした。したがって、インドネシアで裁判による紛争解決を行うこと自体、公正な判断が期待できず、極めてリスクが高いと言えます。」と、大原弁護士が指摘した。

「では、どうすれば良いのですか。」

仲裁

「国際取引では、裁判ではなく、仲裁を紛争解決方法として合意するのが一般的です。」

と、大原弁護士が答える。

「仲裁ですか。」

「ええ。仲裁とは、当事者間の合意に基づき、紛争解決を、中立的な第三者である仲裁人の判断に委ねるものです。仲裁の場合、裁判とは異なり、ニューヨーク条約（注7）のもと、他の締約国においてされた仲裁判断を一定の要件のもとに承認し、これに基づき強制執行することが可能となります。現在、ニューヨーク条約の締約国は一六〇か国以上で、ほぼすべての国が締約国になっており、日本もインドネシアも締約国です。また、先ほどお伝えしたとおり、仲裁は当事者間の合意に基づく紛争解決制度ですので、仲裁人の選任、手続言語、手続の進め方など、広く当事者の合意によることが認められています。例えば、日本企業とインドネシア企業の取引であっても、手続言語を英語としたり、仲裁人の資格を第三国籍としたりするなど、自由な設計が可能です。さらに、裁判と異なり、手続は非公開であるため、紛争が公になりにくく、また、仲裁判断が下されたのちこれに対する上訴はできないため、比較的迅速に解決します。日本の裁判ですと三審制で、最高裁判所まで争われれば、解決まで優に数年は掛かります。」

「仲裁の仕組みは何となく分かりましたが、当事者間の合意だけで手続が上手く進むものでしょうか。」

「仲裁には、仲裁機関を利用して仲裁手続を行う『機関仲裁』と、仲裁機関を利用しないで当事者のみで仲裁手続を行う『アド・ホック仲裁』の二つがあります。後者の場合、現実には上手く手続が進まないことがあります。実際、国際取引で仲裁を紛争解決方法として合意する場合、ほとんどが機関仲裁です。各国の仲裁機関はそれぞれ独自の手続ルールを定めており、当事者はかかるルールに従うことを合意することで、スムーズに手続を進められるわけです。日本にも、ＪＣＡＡ（日本商事仲裁協会）という仲裁機関がありま す。他にも代表的な仲裁機関をいくつか挙げると、ＩＣＣ（国際商業会議所）やＳＩＡＣ（シンガポール国際仲裁センター）などが挙げられますね。貴社としては、まずは、ＪＣＡＡを利用したいところです。また、仲裁地(注8)についても、貴社の本社がある大阪としましょう。仲裁条項のドラフティングについては、ＪＣＡＡが用意しているモデル条項を参考にするのが良いでしょう。」

「いやー、これまで考えたこともなかったお話です。ちなみに、インドネシアにも仲裁機関があるのですか。」

「ＢＡＮＩと呼ばれる仲裁機関があります。(注9)仲裁という制度上、公平性は担保されていると言われますし、ＢＡＮＩが用意する仲裁人候補者リストには、日本人弁護士も含まれています。日本企業とインドネシア企業との国際取引では、ＢＡＮＩを仲裁機関として選択し、ジャカルタを仲裁地とすることはありますね。」

「準拠法と同様、互いに譲らず、日本とインドネシアの仲裁機関のいずれにも決まらない場合は、どうすべきでしょうか。」

「インドネシア企業を含む東南アジア企業との国際取引では、実務上、ＳＩＡＣ（シンガポール国際仲裁センター）を仲裁機関として選択し、シンガポールを仲裁地にすることはありますね。他にも、被告地主義やクロス式と呼ばれる仲裁条項もあります。要は、妥協の産物として、相手方の仲裁機関や仲裁地で仲裁を行う、という規定です。つまり、貴社がジョコ株式会社に対して仲裁を申し立てるのであれば、仲裁機関はＢＡＮＩで、仲裁地はジャカルタとなりますが、逆の場合、仲裁機関はＪＣＡＡで、仲裁地は大阪となります。同一の事件について、互いに仲裁を申し立てることで、二つの仲裁手続が競合してしまい、判断の不統一を招く、という問題は指摘されていますが、仲裁を申し立てられた側がわざわざ新たな仲裁を申し立てる可能性は高いとはいえず、相手方の仲裁機関や仲裁地で仲裁を申し立てなければならないとすれば、紛争コストが相対的に高くなってしまうことから、結果的に仲裁申立ての阻害要因となり、話合いでの紛争解決が促進される、とのメリットがあるとされています。」

「いやー、面白いですね。準拠法の話に戻って恐縮ですが、準拠法もクロス式で定めたら、妥協案としてベターではないでしょうか。」

「実務上、準拠法のクロス式が見られないわけではないものの、私はお勧めしていません。というのも、互いに相手方に対して仲裁の申立て等のアクションを取らなければ、準拠法が定まりませんので、話合いで解決しようとした場合、どの国の法律を適用するのかで揉めてしまう恐れがあります。」

「なるほど。大変よく分かりました。」

その他の留意点

「最後に、インドネシアには言語法(注10)と呼ばれる法律があり、インドネシア企業等との間の契約書は、インドネシア語で作成しなければなりません。やっかいなのは、準拠法を日本法としても適用される強行法規とされています。ただし、今回のように、日本企業が契約の一方当事者となる場合には、日本語又は英語との併記が認められており、インドネシア語との齟齬があった場合、日本語又は英語を優先言語として指定することも可能です。言語法違反の法的効果については法律上定められていないものの、二〇一三年、西ジャカルタ地方裁判所で、貸し手・アメリカ企業と借り手・インドネシア企業との間で英語のみで作成された融資契約書が言語法違反を理由に無効と判断され、それが最高裁判所でも維持された事案があります。したがって、今回、翻訳コストをけちることなく、英語を優先言語として、英語とインドネシア語の併記で契約書を作成すべきでしょう。」

「国際取引では、契約書の言語にも留意する必要があるのですね。」

「そうです。インドネシアには、販売店を保護する独自の法規制もあるため、英語とインドネシア語の併記で契約書を作成することになりますし、最後は、万全を期して、インドネシア人弁護士にもチェックしてもらいましょう。ひとまず、本日の打合せに沿って、私の方で英文契約書を修正し、先方に提示する修正の趣旨を記載した英語のコメントも作成します。鳥谷社長においてご確認いただいて、それをそのまま、先方に提示いただければと思います。」と、大原弁護士がアドバイスした。

契約の締結

その後、鳥谷社長において、大原弁護士の助言に従い、また、大原弁護士を通じてインドネシア人弁護士の協力を得ながら、先方との契約交渉を進め、一か月後、英語とインドネシア語が併記された契約書を締結した。

「この度は、本当にお世話になりました。おかげさまで、海外進出を進める際の勘所を押さえられました。今後も頼りにしています。今度、ぜひ柳生弁護士も誘って、食事に行きましょう。インドネシア料理が良いかもしれませんね。」と、電話口から鳥谷社長の明るい声が届いた。

（注1）「人口は約二億七千万人で世界第四位」「国民の平均年齢は二十九歳で若年層が多い」「人口ボーナス期が二〇三六年頃まで続く見込み」「安定した経済成長」「広大な国土と豊かな天然資源」「ASEANで唯一のG20加盟国」「GDPはASEANの約四割」「親日国家」投資対象としてのインドネシアには、このように魅力的なキーワードが並ぶ。消費市場への参入、生産拠点の創設、資源開発、インフラ事業といった様々なタイプのビジネスが考えられる。

（注2）他にも、現地の法規制を踏まえて、海外支店や駐在員事務所を設置することが考えられる。

（注3）インドネシアの外資規制については、JETROのウェブサイトを参照されたい。
https://www.jetro.go.jp/world/asia/idn/invest_02.html

（注4）インドネシアの歴史的な法改正である「雇用創出オムニバス法」が二〇二〇年十一月に成立した。雇用を創り出すとの目標に向けて、インドネシアへの投資を促進するため、投資法、労働法、会社法といった重要な法律を含む関連法約八〇本を一括して改正し、外資規制の緩和、許認可の簡素化、退職金の減額や残業時間の上限拡大等の労働条件の不利益変更といった抜本的

な変更を行うもので、その詳細を定める細則が二〇二一年二月に制定された。外資規制の緩和については、新たに「優先業種リスト」が導入されたことに加えて、投資禁止業種が減少するとともに、投資制限業種が大幅に減少したことで外資規制が大きく緩和されたことが特徴である。

（注5）外国の投資家による日本への進出案件を「インバウンド案件」と呼ぶ。インバウンド案件では、日本の弁護士は、外国の投資家をクライアントとして、日本法について外国語（主に英語）で助言を行う。

（注6）ウィーン売買条約とは、正式には、国際物品売買契約に関する国際連合条約（United Nations Convention on Contracts for the International Sale of Goods：CISG）といい、国際物品売買を対象とする私法に関する統一条約で、国連国際商取引法委員会（UNCITRAL）が作成し、一九八八年一月一日に発効した条約である。日本は、二〇〇八年七月一日に批准した。インドネシアは、批准していない。ＣＩＳＧが適用される物品売買であっても、当事者はＣＩＳＧ全体又はその一部の規定の適用を排除することができ、契約実務では、ＣＩＳＧ全体の適用を排除する合意がなされることが多い。

（注7）ニューヨーク条約とは、正式には、外国仲裁判断の承認及び執行に関する条約（Convention on the Recognition and Enforcement of Foreign Arbitral Awards）といい、一九五八年に国際連合の主導により採択された。仲裁合意の効力を国際的に承認するとともに、外国仲裁判断を国内で承認し、強制執行するための要件を定めている。日本は、一九六一年に批准した。

（注8）仲裁地とは、仲裁手続と仲裁法とを連結させる法的概念であり、どの国の仲裁法が仲裁手続

に適用されるかの決定基準となるものである。英語では、Seat of Arbitration又はPlace of Arbitrationと言われる。仲裁の審理手続を行う物理的な場所（英語では、Venue of Arbitrationと言われる。）とは区別される概念である。ただし実務上、仲裁地において物理的に仲裁の審理手続を行うことが想定されている。

（注9）旧ＢＡＮＩ（BANI Mampang）と新ＢＡＮＩ（BANI Sovereign）への分裂騒動があり、現状、新ＢＡＮＩの仲裁件数は極めて少なく、ＢＡＮＩであれば、旧ＢＡＮＩを選択すべきとされる。この場合、仲裁条項には、ＢＡＮＩの名称に加えて、住所を記載して、旧ＢＡＮＩであることを明らかにする必要がある。

（注10）国旗、国語及び国章並びに国歌に関する法律二〇〇九年第二四号、インドネシア語の使用に関する大統領令二〇一九年第六三号

〔大川　恒星〕

国際租税法

「外国子会社合算税制」

顧問先への税務調査

留学経験のある増川弁護士のもとには、クライアントから海外関係の相談が持ち込まれることが多い。

ある日、国際的に特殊ネジの製造販売の事業を営む顧問先の「ワールドスクリュー株式会社」の矢澤隆司社長から緊急の相談ということで連絡があった。

「増川先生、大変です。ご存じのとおり、当社はシンガポールに販売子会社を有しています。東南アジア地域において当社のネジ製品を販売していますが、今般、国税局の調査が入り、シンガポール子会社には実態がないとして、子会社の所得を親会社である当社の所得に合算して課税すると指摘されたのです。」

「ちょっと待ってください。シンガポールの子会社に実態がないというのはどういうことですか。もう少し詳しく説明してください。」と、増川弁護士が訊ねた。

「はい。当社は、日本で製造したネジ製品を海外で販売していますが、東南アジア地域では、シンガポール子会社を通じて販売しています。主な顧客は現地の日系企業です。シンガポール子会社は、主に現地の日系企業からの注文を受けて、親会社である当社に発注します。当社はお客様に製品を直送しますので、シンガポール子会社は、いわゆる商社的機能を担っています。」

「なるほど、そうであれば、実態がないとはいえないように思いますが、国税局は具体的にどのような指摘をしているのですか。」

「国税局から指摘されているのは、二つあります。一つには、事務所の問題です。シンガポール子会社は基本的に営業のみであり、基本的には外回りの仕事ですので、それほど大きなオフィスは必要ではありません。そこで、経費削減のため、オフィスを借りるのではなく、知人の会社のオフィス内の小規模なスペースを間借りしているのです。そのためオフィスとしての実態がないと指摘されています。もう一つは、会社経営の場所の問題です。実は、私はシンガポール子会社の取締役を兼ねているのですが、専ら日本で執務しています。そのようなことから、国税局からは、会社経営の場所は日本国内ではないかと指摘されているのです。」

「なるほど、概要は分かりました。ところで、本件については、顧問税理士さんは何と言っておられますか。」

「どうも国際租税には詳しくないようです。とにかく、国税局の指摘に応じるようにとのことでした。」

「それは良くないですね。私自身も税務には疎いですが、当事務所には国際租税に詳しい弁護士が在籍しております。一度、所内で対応方針について検討しますので、少しお時間をいただけますでしょうか。」

「分かりました。国税局からは早急に修正申告に応じるように言われていますので、なるべく早く検討いただけると助かります。」

本村弁護士への相談

増川弁護士は、早速、国際租税に詳しい本村一博弁護士のもとを訪れ、顧問会社からの相談内容を一通り説明した後、率直な疑問をぶつけた。

「先生、海外の子会社の所得が日本の親会社の所得に合算されるというのはどういうことでしょうか。」
「日本企業が海外で現地法人を設立する場合、親会社と子会社は法人格が別であることから、子会社の所得について、子会社が現地で納税義務を負うことは当然ですが、当該所得については、日本で納税義務を負わないのが原則です。ところが、子会社が実質的な経済活動を行わず、親会社が実質的な経済活動をしているにもかかわらず、子会社に書類上で売上を帰属させることが無制限に認められるとすれば、いくらでも日本の租税を免れることができることになりますね。そのような行為に対処するため、例外的に子会社の所得を親会社の所得に課税する制度として、外国子会社合算税制という課税の特例があるのだよ(租税特別措置法第六六条の六)。これはもともとタックスヘイブン、すなわち無税又は軽課税国に子会社を設立して租税を回避するようなケースに対応するために創設された制度であることから、タックスヘイブン対策税制とも呼ばれているのですよ。」
と、本村弁護士は分かりやすく制度の解説をした。(注1)
「それは知りませんでした。その特別の税制は今回のようなケースでも適用されるのでしょうか。クライアントのシンガポール子会社は現地で販売活動をしており、実質的な経済活動をしていると思われるのですが。それではだめでしょうか。」と、増川弁護士が質問した。

「外国子会社合算税制」

「外国子会社合算税制が具体的にどのように適用されるかは、様々な要件があるので、注意が必要だね。一つずつ整理して見ていきましょうか。」

合算税制の適用要件

そう言って本村弁護士は一息ついて、説明を始めた。

「まず、最初に検討するのは、合算税制の適用要件です。①内国法人（及び個人である日本の居住者）が合計して直接又は間接に五〇％超を保有する外国法人（これを「外国関係会社」という。）に該当すること、そして、②その内国法人が外国関係会社について一〇％以上の保有割合を有していること、という要件を満たす場合、合算税制の適用対象になるのですが、クライアントの場合はどうだろうね。」

「確かシンガポール子会社は、日本の親会社の一〇〇％子会社であったと聞いていますので、要件を満たすと思います。」

「そうすると、次に検討する必要があるのは、合算税制の適用除外が認められるための要件ということになりますね。ここで少し複雑なのは、合算税制における課税には三つの種類のもの（①特定外国関係会社に係る会社単位の合算課税、②対象外国関係会社に係る会社単位の合算課税、③部分外国関係会社に係る所得単位の合算課税）があって、それぞれの合算課税が適用除外となるかどうかについては、現地における税負担の程度（税率テスト）、事業活動に係る経済的実体の有無（実体テスト）、得られた所得の性質（所得テスト）といった複数の異なるテストによって判定するものとされていることですね。」

と、本村弁護士がやや専門的な解説をした。

適用除外の要件

「想像以上に複雑なのですね。」と、増川弁護士が感想を述べた。

「少しずつ勉強すれば大丈夫だよ。本件では、国税局の指摘からすると、実体テストが問題になりそうだね。ちなみに、税率テストというのは、外国関係会社の租税負担割合（実効税率）が一定以上であれば合算課税は適用除外になるというものだけれども、シンガポールでは、法人に適用される法定税率が一七％であることからすれば、これをクリアすることは難しそうだね。そうすると、実体テストをクリアする必要があり、具体的には、主たる事業を行うための事業所があるといえるか（実体基準）、また、現地で会社の経営がなされているか（管理支配基準）ということが問題になりそうだね。」

「その二つは正に国税局から指摘されている問題ですね。」

「そのとおりだよ。本件では、ここが主たる争点になると思いますよ。同じようなケースで実体基準と管理支配基準の充足が争われた裁判例（東京高判平成二五年五月二九日・税資二六三号順号一二二二〇）があるので、それを参考に検討してみることにしましょう。[注2]この裁判例では、実体基準について、オフィス内で間借りした小規模なスペースであっても、それが専用で使用できて事業を行うために十分なものであれば、同基準は充足すると判断されています。本件では、専用で使用できるスペースが確保されていたといえるかがポイントになりそうだね。」と、本村弁護士が問題の核心をつく指摘をした。

「その点はクライアントによく確認してみます。」

「次に、管理支配基準ですが、先ほどの裁判例では、『事業を行うために必要な常勤役員及び従業員が存在していることが必要であり、かつ、特定外国子会社等の業務執行に関する意思決定及びその決定に基づく具体的な業務の執行が親会社等から独立して行われていると認められるか否かについては、特定外国子会社等の株主総会及び取締役会の開催、役員としての職務執行、会計帳簿の作成及び保管等が行われている場所等を総合的に勘案することが必要である。』と判示されています。これらの判断要素を踏まえると、本件ではどうだろうか。」と、本村弁護士が答えを促した。

「本件では一名ずつですが、現地に常勤の役員も従業員も勤務していますので、前半の部分はクリアしているように思います。一方で、後半の部分では株主総会及び取締役会の開催とありますが、本件では、役員が日本とシンガポールにいるので、バーチャルで株主総会などが開催されていると思います。そのような場合には、どのように判断されるのでしょうか。」と、増川弁護士は質問した。

「現地で開催されたといえるためには、必ずしも役員全員が物理的に集合する必要はなく、会議の主宰者である議長が現地に所在しており、必要な書類が現地で作成されることで足りると解されるでしょうね。」

「分かりました。そのような観点から、クライアントに確認して整理してみます。」と、増川弁護士が言った。

税務調査への関与方法

本村弁護士は、増川弁護士に、

「ところで、今回の税務調査にはどのように関与してクライアントを支援されるつもりでしょうか。」

た。

「といいますと？」

増川弁護士は、本村弁護士の質問が理解できていないようだった。

そこで、本村弁護士は次のように説明した。

「弁護士が税務調査に関与して支援する方法として、大きく分けて、①税務調査に立ち会って直接支援する、②法律意見書を作成して側方支援する、③法的観点からの助言をすることで後方支援する、といったことが考えられるね。」

「私としては、クライアントとの信頼関係もありますので、できれば税務調査に立ち会って直接支援したいと考えています。」と、増川弁護士が答えた。

「そうすると、国税局から税務代理権限証書の提出が求められると思いますが、増川先生は税理士登録ないし税理士業務を行う旨の通知をされていますか。」

「税理士登録はしていません。税理士業務を行う旨の通知というのは初めて聞きました。」と、増川弁護士。

「弁護士は当然に税理士業務を行うことができるという考え方もありますが、税理士法上、税務代理などの税理士業務を行うためには、所属の弁護士会を通じて国税局長に通知する必要があるとされています（税理士法五一条）。弁護士会で一定の手数料を支払えば、数週間で通知の手続は完了するので、今後のことも考えて、これを機会に通知しておくといいですよ。また、通知が間に合わない場合に備えて、法律意見書も準備しておくといいかもしれないね。」

「分かりました。いろいろとアドバイスいただき助かりました。ところで、やはり私一人では不安がありますので、できれば、本村先生にもお手伝いをいただければ大変ありがたいのですが……。」

「仕方ないね。増川先生の頼みとあれば、私も断れないですよ。」

そう言って、本村弁護士は共同受任を承諾した。

その後、本村弁護士と増川弁護士は、シンガポール子会社が実体基準と管理支配基準をいずれも充足するものであり、外国子会社合算税制の適用除外となる旨の法律意見書を作成し、国税局に提出した。

その結果、税務調査に立ち会うまでもなく、国税局は従前の指摘を撤回し、税務調査は無事終了となった。クライアントに非常に感謝されたことは言うまでもない。

（注1）　詳細は、山下眞弘ほか『弁護士として知っておきたい国際企業法務』（二〇二三年、第一法規）二八五頁以下参照。なお、外国子会社合算税制は毎年のように税制改正がなされるため、年度によって適用される制度の内容が異なる可能性があることに注意が必要である。また、毎年の

（注2）　税制改正の内容については、財務省のウェブサイトで公開されている『税制改正の解説』に詳しい。これは法令の立案担当者が解説したものであって、立法趣旨を図る上でも有用である。詳細は、木村浩之ほか『対話でわかる国際租税判例』（二〇二二年、中央経済社）一六三頁以下参照。

〔木村　浩之〕

準拠法

「国際相続」

生き別れになった兄弟

国際法務専門の増川三郎弁護士に、司法修習同期の瀬戸隆史弁護士から、電話がかかってきた。

「相談があって電話したんだが、最近、増川もずいぶん忙しそうにしているじゃないか。」

「うちは、貧乏暇なしだよ。久々に飲みに行きたいね。ところで、相談っていうのは何だい。」

「実は、僕の顧問先の部長さんで、梅本アキラさんという方が、相続で揉めているんです。海外に遺産があってね、しかも、相手方はアキラさんの弟ですが、イギリス国籍で日本語が通じないっていうのです。僕は英語ができないから、君に、アキラさんの相続案件を引き受けてもらいたいと思ったものだから。」

「国際相続案件ってやつだね。もちろん構わないよ。とにかく、概要を教えてくれないか。」

と、増川弁護士が説明を求めた。

瀬戸弁護士が説明した事実関係は次のようだった。

被相続人の梅本健介は、生前、イギリスに渡航して貿易会社を設立し、商売を成功させた。現地でイギリス人の妻と結婚し、長男アキラと次男ケンを授かった。ほどなくして不景気の煽りを受け、会社の業績が悪化し、夫婦関係も悪くなり、遂に妻と離婚するに至った。そこで梅本は、当時一五歳のアキラを引き取って日本に戻り、一方妻は一二歳のケンを引き取ってイギリスにとどまった。以後、生き別れになったアキラとケンは、ほとんど連絡を取ることがなく、全く異なる人生を日本とイギリスとで送っていた。

今年、梅本が日本国内の病院で息を引き取り、相続が開始した。遺産は、日本国内にある預金、イギリスの銀行に遺されていた預金や投資信託等であった。梅本の遺産を整理していると、保険証券等が入っていた大事そうな封筒の中に英語で書かれた遺言書が見つかった。どうやら、梅本が、イギリスに居た頃、息子二人のうち聡明なアキラを特に気に入っていたため、現地の法律事務所の弁護士に依頼し、財産の全てをアキラに相続させる旨の自筆証書遺言をしていたようだった。

アキラは、ケンに父が亡くなったことを告げ、また遺言があるから、それに則って父の財産は自分が相続したい旨申し入れた。

ところが、ケンはアキラが財産を隠しているのではないかと疑い、育った環境が全く異なっていたこともあって、二人の話合いは難航した。最終的に、ケンは、日本の弁護士に依頼し、日本の家庭裁判所に遺産分割調停を申し立てた。(注2)

瀬戸弁護士の話を聞き終えた増川弁護士は、簡潔に案件の問題点を指摘した。

「なかなか悩ましい案件だなあ。まず、前提となる相続人や遺産の範囲を確認することはもちろんだが、相続の準拠法を確認しないといけないね。イギリスで作られた遺言書が日本で適法に取り扱われるかどうかも要検討だと思う。それから、イギリスにある財産は、事実上日本の裁判所の手続だけで取得することは難しい。いずれにしても、イギリスの弁護士の力も借りる必要がありそうだ。」

「僕にはお手上げだよ。クライアントから君に直接連絡させるから、あとは任せても良いかな。」と、瀬戸弁護士が弱音を吐いた。

「もちろんだよ、アキラさんに僕のメールアドレスを伝えておいてくれ。」と、増川弁護士は付け加えた。

相続の準拠法と海外での遺言の有効性

数日後、アキラから連絡を受けた増川弁護士は、淀屋総合法律事務所で、アキラと打合せをした。

「まず、日本の裁判所で手続をした場合に、本件相続がどこの国の法律に従うことになるのかを確認しなければいけません。いわゆる『準拠法』という問題ですが、[注3]お父様は、パスポートは日本のものだけをお持ちだったのですよね。」と、増川弁護士は訊ねた。

「はい、そうです。」

「なるほど、では、まず日本の相続法を前提に整理していくことで問題はなさそうですね。次に、遺言書を見せていただけますか。」と、増川弁護士が促した。

アキラは、鞄から、遺言書を取り出し、増川弁護士に見せながら質問した。

「これです。父の商売がうまくいっているときに、ロンドンの法律事務所で遺言書を作ってもらったみたいです。全部の財産を私に相続させる、と書いてあります。先生、海外で英語で作られているからといって、遺言が無効になったりするわけではないでしょう？」

「はい、遺言の方式については、基本的には遺言した地における法律で有効となる方式に従って作成されていれば有効です。(注4) ですから、イギリスの方式にきちんと従っていれば、有効になりますよ。ただ、イギリスといっても、地域によって法制度は異なっており、お父様の場合は作成地であるロンドン、つまり、イングランド&ウェールズの法律に従って考えることになりますね。イギリスの法律では、①遺言者の署名又は遺言者の面前で他の者がした署名がある書面でなされており、②その署名により遺言書に効力を発生させる意図があると見受けられること、③その署名自体又は署名を認証する行為を二人以上の証人の面前ですること、④証人が遺言者の面前で、自ら署名するか署名を認証すること、という要件が満たされる場合には、遺言書は有効とされています。こちらの遺言書を見ると、確かにお父様ご自身の署名と、法律事務所の弁護士二名の署名があり、丁寧な認証文言もついています。遺言の方式は問題ないとみてよさそうですね。ただ、もちろん私はイギリス法の資格を持っているわけではないので、イングランド&ウェールズの事務弁護士(注5)に最終確認する必要はありますが。」

「それで安心しました。」

すかさず、増川弁護士が言った。

「安心するのはまだ早いですよ。遺言は有効でも、日本の相続法を前提にすると、相手方には遺留分というものがあります。民法で認められた法定相続人の最低限の取り分で、アキラさんのケースでいえば、ケンさんは、最低限四分の一の財産を取得することができますので、調停ではケンさん側の弁護士は、十中八九、遺留分侵害額請求権を行使してくるでしょうね（注6）。」

「四分の一ですか。先生、ちょうどイギリスにある預金と投資信託を合わせるとそれくらいになりそうです。」

「それは良いですね。イギリスに住んでいるのはケンさんですし、イギリスにある財産を遺留分相当額としてケンさんに取得させ、残りはアキラさんが取得するという方向で交渉するのが良いかもしれません。」と、増川弁護士が提案した。

「是非そうしていただきたいです。」

遺産分割調停条項

かくして、増川弁護士は、アキラから遺産分割調停案件を受任し、当方の主張を主張書面にまとめた。その中で、遺言書の有効性について、留学時代に築いた海外弁護士ネットワークを使い、イングランド&ウェールズの家事事件を専門とする事務弁護士から簡単な意見書をもらい、それを日本語に翻訳して、主張書面と共に家庭裁判所に提出した。

調停手続の中で、ケン側は、当初、遺言書について疑義を差し挟んでいたが、最終的には事務弁護士作成の意見書に従うとして、遺言書が有効であることを前提に話を進めることに同意し、遺留分侵害額請求権を行使した。

そこで、増川弁護士は、ケン側の主張に応答する形で、イギリスにある財産をケンが取得することにすれば、公平に遺産を分割できると旨主張した。ケン側は、これに納得し、結局、日本にある財産をアキラが、イギリスにある財産をケンが取得することで調停がまとまる方向となった。

ケン側は、次のような調停条項案を提出してきた。

「一　当事者全員は、当事者目録記載の中立人及び相手方が被相続人の相続人全員であることを確認する。

二　当事者全員は、被相続人作成の○○年××月△△日付ABC Solicitorsにおいて作成された遺言の内容にかかわらず、別紙遺産目録記載の財産が被相続人の遺産であることを確認し、これを次のとおり分割する。

㈠　中立人は、別紙遺産目録記載1の財産の全部を取得する。

㈡　相手方は、別紙遺産目録記載2の財産の全部を取得する。

三　当事者全員は、前項による財産取得に伴う日本国外の裁判所における財産管理令状の取得その他の手続を相互に協力して行うものとする。ただし、手続費用は、当該財産を取得する者の負担とする。

四　当事者全員は、本調停の成立をもって被相続人の遺産に関する紛争を一切解決したものとし、本調停条項に定めるほか、何ら債権債務のないことを確認する。

五　調停手続費用は、各自の負担とする。」

増川弁護士は、これで問題ないと考え、アキラに内容の確認を求めたところ、アキラが質問した。

「先生、一つだけ気になるところがあります。第三項の意味が、いまひとつピンと来ていないのですが……。」

「ああ、これですか。これは、今回イギリスの財産を取得するケンさん側の問題なのですが、アキラさんにも少々関係することですから、説明しておきましょう。」と、言った。

イギリスにある財産の相続手続

増川弁護士の説明が続く。

「まず、世界中の相続制度をみても、実は、日本のように当事者が納得して合意すれば遺産を分割できるという国ばかりではありません。」

「どういうことですか？」

「イギリスを含む英国法系諸国では、相続手続について、当事者間に争いがなくても、裁判所での手続を経ることが必要とされています。国によって一定の例外はありますが、基本的には、相続人が裁判所に遺産管理令状という令状の申立てをして、それで裁判所の許可をもらった上で、遺産分割をしなければなりません。そのため、日本でこうして調停を成立させても、ケンさんが実際に預金を引き出すためには、裁判所での申立手続を経なければならないのです。」

「なるほど、そうだったのですね。」

「ですから、ケンさんは、イギリスの事務弁護士に費用を払って手続を委任する必要があります。手続費用は、調停条項にあるように『財産を取得する者の負担』、つまりケンさんの負担ですから、アキラさんに対し費用請求がなされても、調停条項に基づいて拒絶できます。ただ、例えば、ケンさんがイギリスの財産を取得することについて、イギリスの裁判所において証明するために、アキラさんが何らかの書類にサインすることを求められたりすることは有り得るでしょうね。いずれにせよ、その辺りの実務についても、私がアキラさんの代理人として、引き続きケンさん側の弁護士と連絡を取らせていただきますので安心してください。」と、増川弁護士が説明をした。

「それは、とても心強いです。いやはや、国をまたぐ相続手続というのは本当に大変なものですね。」と、アキラが感想を述べた。

すると、増川弁護士が言った。

「今回は、我々の手続自体、日本国内で完結できましたので、まだ楽な方ですよ。もしアキラさんがイギリスの財産を取得することになっていたとしたら、アキラさん側が裁判所に対し申立てをしなければならなかった訳です。」

こうして、生き別れた兄弟の相続紛争は、決着を見たのであった。

（注1）　我が国の民法では、遺言の方式には「自筆証書遺言」「公正証書遺言」「秘密証書遺言」の三種類がある。自筆証書遺言とは、遺言者が全文・日付・氏名を自書し、押印することによって作

成される遺言書をいう（民法九六八条一項）。

（注2）遺産分割は、当事者間の協議によって行うことができるが、協議が整わないとき又は協議をすることができないときは、家庭裁判所の調停・審判手続によってこれを行うこととなる（民法九〇七条）。調停手続では、裁判所の調停委員二名が当事者それぞれから事情を聞いたり、資料等を提出してもらったり、遺産について鑑定を行う等して事情を把握した上で、当事者全員の合意による解決を目指す。不成立となった場合には、裁判官が遺産分割の方法を決めることができる審判手続に移行することとなるが、調停成立により解決する事例が多数である。日本の相続法の下では、遺言の効力は遺言者の死亡時に効力が発生するので、厳密には遺言の対象となった財産はそもそも遺産分割の対象にはならないはずであるが、当事者間の合意による解決を目指す調停手続においては、遺言の対象となっている財産も含めて協議の対象とすることが多い。

（注3）法の適用に関する通則法三六条は、「相続は、被相続人の本国法による。」とし、被相続人が有する国籍の国の法律が適用されることを明らかにしている。

（注4）遺言の方式の準拠法に関する法律二条一号は、遺言の方式が行為地法に適合していれば、方式に関し有効であると定めている。他方で、同条二号は、遺言者の本国法に従った方式となっている場合でも、有効な方式となる旨を定めているが、本件の場合には、自筆証書遺言の要件を満たさない恐れがある。

（注5）イギリスをはじめとする英国法系諸国では、日本と異なり、弁護士の資格が「法廷弁護士（バリスター）」と「事務弁護士（ソリシター）」に分かれていることが多い。前者は文字どおり法

廷での訴訟代理業務を専門とする弁護士であり、後者は法廷での訴訟業務に限らず訴訟外での交渉業務のほか、契約書作成やM&Aといった企業法務や、遺産相続といった家事事件分野まで広く取り扱う弁護士である。単なる専門分野の違いというレベルではなく、資格取得のために必要な条件等も異なれば、日本でいうところの司法修習も別であり、弁護士会もそれぞれ独立に存在している。

両者の重要な違いは、訴訟案件を取り扱うかどうかという点にあるのではなく、法廷で弁論を行うことがあるかどうかという点と、クライアントと直接委任契約を締結できるかどうかという点にある。すなわち、法廷弁護士は、民事・刑事の裁判においてクライアントを代理して弁論を行う権限が与えられているが、事務弁護士はそれが一定の場合（例えば、下級審や一定訴額以下の案件に限る）に限られている。ところが、事務弁護士は、クライアントとの間で直接委任契約を締結できるのに対し、法廷弁護士はこれができない。そのため、通常の紛争案件であれば、まずクライアントは事務弁護士に相談に行き、相手方との交渉業務を依頼する。交渉で解決ができなければ、事務弁護士が適切な法廷弁護士を選定し、訴訟提起を行い、以後は法廷弁護士と事務弁護士が協力しながら訴訟を進めていく。訴訟進行の中でも、クライアントと打合せをして証拠を整理したりするのは事務弁護士の役割であることも多く、事務弁護士が「訴訟業務」を全く行っていないわけではない。ただし、役割分担やそれぞれの関与のタイミングは、もちろんケースバイケースである。

（注6）遺留分とは、一定の相続人に認められる、遺言や遺贈によっても奪うことのできない遺産の取り分のことを指す。この遺留分を有する者は、遺言や遺贈によってその遺留分を侵害されたと

きは、受遺者又は受贈者に対し、侵害額に相当する金銭の支払いを請求することができる〔民法一〇四六条一項〕。

従前は、金銭の支払いを請求する権利ではなく、相続財産に対して遺留分の「減殺請求」を行うことで、遺留分の割合に応じて財産の共有割合を持つこととされていたが、平成三〇年の相続法改正に伴い、右記のように改められた。なお、この遺留分侵害額の遺留分権利者が、相続の開始及び遺留分を侵害する贈与又は遺贈があったことを知った時から一年間行使しないとき又は相続開始の時から一〇年を経過したときは、時効によって消滅するので注意を要する。

〔増山　健〕

執筆者紹介

木村　浩之（きむら・ひろゆき）

弁護士（弁護士法人淀屋橋・山上合同）

2010年12月弁護士登録、2016年８月ライデン大学国際租税センター修了（国際租税法上級LL.M.）、2020年４月一橋大学法学研究科非常勤講師。著書に『新版 基礎から学ぶ相続法』（2022年、清文社）、『対話でわかる国際租税判例』（2022年、編著）、『中小企業のための予防法務ハンドブック』（2021年、共著）、『租税条約入門——条文の読み方から適用まで——』（2017年）、『税務紛争への対応』（2013年、共著、以上中央経済社）、『事例解説 租税弁護士が教える事業承継の法務と税務』（2020年、共著、日本加除出版）、『受益権複層化信託の法務と税務』（2020年、共著、日本法令）、など。

大川　恒星（おおかわ・こうじ）

弁護士（弁護士法人淀屋橋・山上合同）

2014年12月弁護士登録、2020年５月UCLA（University of California, Los Angeles）School of Law LL.M.修了、2021年７月ニューヨーク州弁護士登録、2022年４月龍谷大学非常勤講師。著書に『Ｑ＆Ａ感染症リスクと企業労務対応』（2020年、共編著、ぎょうせい）『Ｑ＆Ａ会社トラブル解決の手引』（2016年、共著、新日本法規出版）。

堀内　　聡（ほりうち・さとし）

弁護士（弁護士法人淀屋橋・山上合同）

2015年12月弁護士登録、2021年４月京都大学法科大学院非常勤講師。著書に『法律相談　初動対応マニュアル——催告・通知の手続と文例——』（2021年、共著、新日本法規出版）、『Ｑ＆Ａ感染症リスクと企業労務対応』（2020年、共編著、ぎょうせい）、『Ｑ＆Ａ会社トラブル解決の手引』（2016年、共著、新日本法規出版）。

増山　　健（ますやま・けん）

弁護士（弁護士法人淀屋橋・山上合同）

2015年12月弁護士登録、2017年４月日本スポーツ仲裁機構仲裁人、2020年５月香港中文大学修了（国際取引法LL.M.）、2020年７月香港事務弁護士協会外国法弁護士登録、2022年４月京都産業大学非常勤講師。著書に『香港 国家安全維持法のインパクト』（2021年、共著、日本評論社）、『特許・実用新案の法律相談Ⅰ・Ⅱ』（2019年、共著、青林書院）、『Ｑ＆Ａスポーツの法律問題［第４版］』（2018年、共著、民事法研究会）。

河原　里香（かわはら・りか）

弁護士（弁護士法人淀屋橋・山上合同）

2019年１月　弁護士登録。著書に『倒産した時の話をしようか　～８人の倒産社長に学ぶ『失敗』を『資産』に変える挑戦のヒント～』（2022年、freee出版）。『Ｑ＆Ａ会社トラブル解決の手引［増補版］』（2022年、共著、新日本法規出版）。

編著者紹介
中尾　巧（なかお・たくみ）
弁護士（弁護士法人淀屋橋・山上合同顧問）

1972年東京地検検事任官。法務省訟務局租税訟務課長、大阪地検特捜部副部長・刑事部長・次席検事、金沢地検検事正、法務省入国管理局長、大阪地検検事正、札幌・名古屋・大阪高検検事長等を歴任。2010年弁護士登録後、上場企業の社外役員や法律顧問、公益財団法人入管協会理事などを務める。

〈主要著書〉
『新・税務訴訟入門』（2023年、共著、商事法務）、『若手弁護士のための弁護実務入門』（2022年、成文堂）、『検事の矜持』（2023年）、『法曹一路』（2021年）、『法曹漫歩』（2019年）、『検事長雑記』（2016年）、『検事長余話』（2015年、以上中央公論新社）、『弁護士浪花太郎の事件帖』（2013年、法学書院）、『税務紛争への対応』（2013年、共編著・中央経済社）、『検事の風韻』（2011年）、『海事犯罪——理論と捜査——』（2010年、共編著・以上立花書房）、『検事はその時』（2009年、PHP研究所）など多数。

若手弁護士のための　弁護実務入門2

2023年8月30日　初版第1刷発行

編著者　中尾　巧
発行者　阿部成一

〒162-0041 東京都新宿区早稲田鶴巻町514
発行所　株式会社　成文堂
電話 03(3203)9201(代)　FAX 03(3203)9206
http://www.seibundoh.co.jp

製版・印刷・製本　恵友印刷　検印省略

ISBN978-4-7923-0720-2　C3032
定価（本体2,900円＋税）